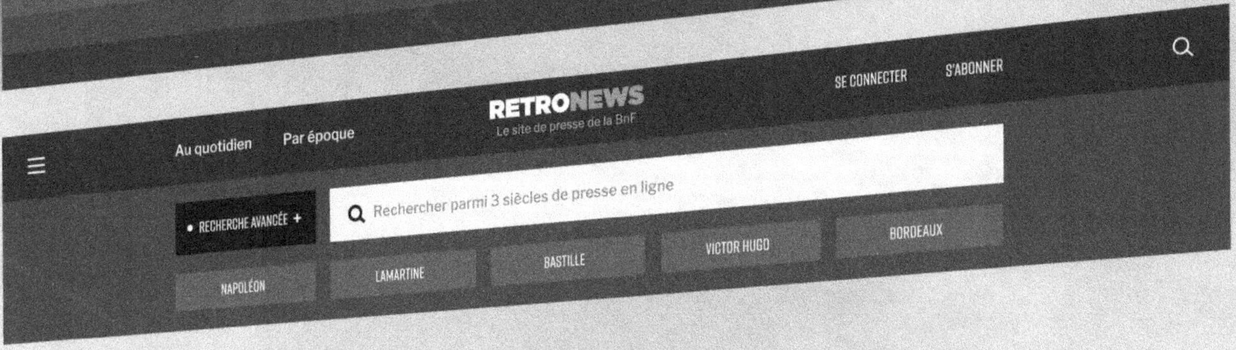

BULLETIN

DE LA

SOCIÉTÉ DUNKERQUOISE

POUR

l'Encouragement des Sciences, des Lettres et des Arts

(Reconnue d'utilité publique par décret du 13 Février 1883).

1896

1er Fascicule

DUNKERQUE

IMPRIMERIE ALB. MANIER & Cie, RUE DE SOUBISE, 28.

MDCCCXCVI

BULLETIN

DE LA

SOCIÉTÉ DUNKERQUOISE

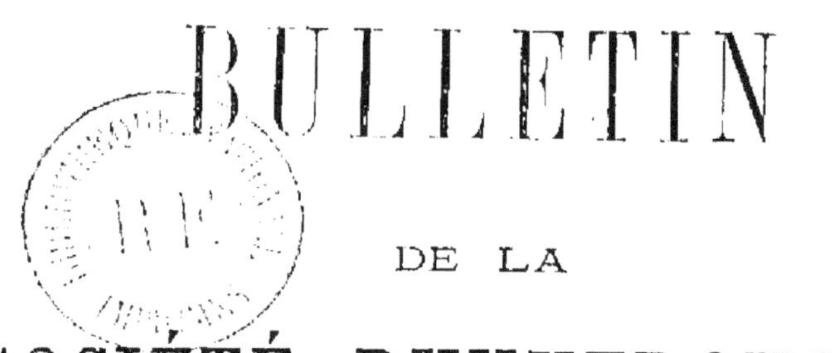

BULLETIN

DE LA

SOCIÉTÉ DUNKERQUOISE

POUR

l'Encouragement des Sciences, des Lettres et des Arts

(Reconnue d'utilité publique par décret du 13 Février 1883).

1896

1er Fascicule

DUNKERQUE

IMPRIMERIE ALB. MANIER & Cie, RUE DE SOUBISE, 28.

MDCCCXCVI

Le XXVIIIme volume des *Mémoires* de la Société Dunkerquoise est publié.

SOCIÉTÉ DUNKERQUOISE

POUR

l'Encouragement des Sciences, des Lettres et des Arts

PROCÈS-VERBAUX DES SÉANCES DE 1896

Séance mensuelle du 5 Janvier 1896

Présidence de M. DURIAU, *Président.*

La séance est ouverte à 11 heures 10 minutes dans la salle de la Bibliothèque communale, sous la présidence de M. Duriau père, président.

Présents : MM. Terquem, président honoraire ; Isambert et Vaneste, vice-présidents ; C. Lefebvre, trésorier ; Quiquet, archiviste ; E. Bouchet, Champion, Daigremont, Delaage de Bellefaye, Dodanthun, Ch. Duriau, Gourliau, J. Lefebvre, Principal du collège et Jannin, secrétaire.

La correspondance ne comprend qu'une seule lettre de M. J. Deconinck, d'Arras. Cette lettre contient une pièce de vers sur les fêtes Franco-Russes qui ont eu lieu à Arras le 28 octobre 1893, une brochure intitulée *Les Chants de l'Agriculture*, par Jules Bertrand, la photographie de M. J. Deconinck ainsi que deux poésies dont il est l'auteur. Des remerciements lui seront adressés.

M. Duriau père procède à l'installation du bureau. En quelques mots touchants, il remercie vivement la Société Dunkerquoise de la confiance qu'elle vient de témoigner aux membres du bureau en les nommant de nouveau pour l'année 1896 et prononce l'allocution suivante :

« Vous avez bien voulu confier aux membres du Bureau de 1895 le soin de diriger vos travaux pendant l'année 1896 : nous en sommes très fiers. Ce n'est guère le lieu de vous adresser une formule banale de remerciements et il est inutile, je crois, de vous assurer que notre concours vous est entièrement acquis, vous nous avez vus à l'œuvre, vous avez constaté que nous avions justifié votre confiance. Notre devoir est donc nettement tracé : il nous faut produire en 1896 les mêmes résultats qu'en 1895 ; nous ne faillirons pas à cette tâche.

» Si le succès enhardit les plus timides, nous avons quelque droit de nous enorgueillir de l'année qui vient de s'écouler. Depuis longtemps, en effet, la Société n'a été aussi prospère ; le nombre des adhérents s'est sensiblement accru et les vides qui se sont produits dans nos rangs ont été largement comblés par de nouveaux sociétaires apportant avec eux des espérances et des promesses. Et parmi ces collègues, il en est un auquel je tiens à souhaiter particulièrement la bienvenue, M. E. Bouchet, ouvrier de la première heure, connu de la plupart d'entre nous par ses nombreuses communications et que nous sommes heureux de compter aujourd'hui au nombre des membres titulaires.

» Nos séances ont été régulièrement suivies et ont présenté le plus grand intérêt. En même temps nos publications se succèdent d'une façon non interrompue et justifient l'estime que nous témoignent les sociétés correspondantes : le *Bulletin* pour 1895 est totalement imprimé et nous allons commencer la publication du XXVIIIe volume de nos Mémoires. Ce n'est donc pas ici qu'il y aurait lieu de formuler cette plainte de découragement que je voyais dans le compte-rendu d'une importante société savante de Paris : « Beaucoup de membres ne mettent jamais les pieds dans les salles de réunion et beaucoup s'abstiennent d'y apporter le résultat de leurs observations. A la guerre, ajoutait le rapporteur, ce sont toujours les mêmes qui se font tuer; à la société, ce sont toujours les mêmes qui font des communications ». Vous avez prouvé qu'il n'en peut être de même chez nous et nous avons en réserve de nombreux matériaux qu'il sera très difficile de publier en totalité pendant l'année : nous ne désespérons pourtant pas d'y parvenir.

» Mais une situation aussi prospère ne nous permet guère de nous reposer; portons nos regards sur les sociétés voisines, et cherchons à nous élever à leur hauteur. Comme type je prendrai la Société philomatique de Bordeaux qui, modeste dans ses origines (en 1808), comme notre Société, a su se placer au premier rang, compte aujourd'hui plus de 900 membres et possède un budget dépassant 60,000 francs, alimenté seulement par les cotisations de ses adhérents. On ne compte plus aujourd'hui les Expositions qu'elle a organisées : locales dans le principe, celles-ci sont devenues universelles et se sont terminées par la brillante exposition de 1895. En même temps, des conférences et des cours sont ouverts aux apprentis ainsi qu'aux adultes et en 1894 ils ont été suivis par 2,315 élèves dont 714 femmes. Voilà ce qu'a pu l'initiative individuelle, sans le secours de l'Etat; nous n'avons certes pas la prétention de nous élever à un tel niveau : Bordeaux possède 252,000 habitants et l'agglomération de Dunkerque en renferme 50,000 au maximum. De plus Bordeaux est le siége de nombreuses Facultés, au centre d'une région industrielle; Dunkerque, au contraire, situé à l'extrémité d'un rayon, n'a pas les mêmes éléments d'instruction et se trouve entouré de cités manufacturières ; Amiens, Roubaix, Lille qui ont, chacune, leur société industrielle sur le terrain desquelles nous ne songeons pas à lutter — notre rôle est plus modeste — mais ce que nos voisines ne possèdent pas, c'est la *mer* avec toutes ses dépendances et c'est de ce côté qu'il nous faut aussi diriger nos efforts. A différentes reprises notre Société a reçu des communications de voyages, d'entreprises maritimes et nos concours renferment, en général, une question relative à l'industrie maritime ou à la navigation. Voilà donc un élément de succès qu'il nous faut faire revivre et ce que Bordeaux a pu réaliser dans sa sphère d'action, pourquoi hésiterions-nous à le tenter dans des proportions naturellement plus modestes?

» Messieurs, j'ai peut-être abusé de votre patience; mais il m'a semblé qu'en inaugurant une nouvelle série de travaux nous devons sans cesse chercher à élargir le champ de nos travaux et de nos observations et à appeler à nous des bonnes volontés qui parfois ignorent même notre existence. C'est pourquoi je me suis permis de vous exposer un modèle à imiter et un *desideratum* à combler et j'espère qu'en raison du but et de ma bonne volonté vous voudrez bien excuser la longueur de cette allocution dont la responsabilité vous incombe aussi quelque peu : ne m'avez-vous pas autorisé à me reposer mais à la condition de travailler toujours ? »

Des applaudissements accueillent les dernières phrases du président et chacun tient à le féliciter personnellement pour les bonnes et encourageantes paroles qu'il vient de prononcer.

M. Bouchet, récemment élu membre titulaire résidant, assiste à la séance. Le président lui adresse un compliment de bienvenue en même temps que l'expression de sympathie de toute la Société.

Le scrutin est ensuite ouvert pour l'élection de deux nouveaux membres, présentés par MM. Duriau père, Isambert et Vaneste.

M. André Belle, brasseur, né à Dunkerque le 11 juillet 1866 et M. Ernest Collet, contrôleur des Douanes en retraite, né à Watten (Nord) le 11 novembre 1837, ayant réuni l'unanimité des suffrages, sont proclamés membres résidants.

M. le président annonce la nomination de M. G. Quiquet, membre correspondant de la Société Dunkerquoise et pharmacien en chef à l'hôpital militaire de Vichy, dans l'ordre de la Légion d'honneur, et propose de lui adresser, à cette occasion, les félicitations de ses collègues. Cette proposition est acceptée par acclamation.

Deux candidatures sont présentées. Conformément aux statuts, elles resteront affichées dans la salle ordinaire des séances jusqu'à la prochaine assemblée.

A la réunion de décembre, M. W. Sigerson, membre résidant, a bien voulu faire une lecture aussi intéressante que pleine d'humour. Dans cette lecture qu'il intitulait l'*Ecole de la Parole*, M. W. Sigerson exprimait l'espoir que la Société Dunkerquoise chercherait peut-être un moyen pratique de faire entrer dans le domaine de la réalité le projet qu'il venait de lui soumettre. Pour donner suite à l'idée de M. W. Sigerson, une Commission de cinq membres est nommée pour étudier spécialement cette question.

Elle se compose de MM. Emile Bouchet, J. Lefebvre, Quiquet, Champion, Sigerson et Jannin.

L'ordre du jour appelle les lectures.

M. le président donne la parole à M. Emile Bouchet.

Après quelques mots de remerciements par lesquels il exprime à la Compagnie toute sa gratitude pour l'accueil bienveillant qu'il reçoit, notre nouveau confrère communique à la Société quelques fragments d'un chapitre inédit d'une histoire populaire de Dunkerque, dans les temps modernes.

Dans ce chapitre intitulé *Les Français à Dunkerque* — Le maréchal de Rantzau gouverneur, l'auteur étudie les suites de la prise de la ville par le grand Condé. Il montre l'hostilité de la population indigène contre les nouveaux maîtres, les regrets que les Hollandais éprouvent d'avoir coopéré aux opérations militaires contre Dunkerque et l'espoir que les Espagnols avaient conservé de la reconquérir. Il en trouve un indice curieux dans le maintien parmi les forces navales espagnoles d'une escadre de Dunkerque, tandis que les Français se hâtaient d'en créer une et que toutes deux naviguaient sous les mêmes couleurs, le drapeau dunkerquois à bandes blanches et bleues.

Rantzau sut personnellement, dit M. E. Bouchet, s'attirer les sympathies de la population dunkerquoise qu'il ménagea habilement, car il avait conçu le hardi projet de profiter des discordes civiles qui agitaient la France pour s'entendre avec l'Espagne et constituer à son profit une principauté indépendante dont Dunkerque eût été la capitale.

Mazarin, informé par hasard de ces menées, attira le maréchal à Paris et le retint prisonnier à Vincennes.

Rantzau ne recouvra la liberté que deux mois avant sa mort, alors que la maladie le mettait hors d'état de nuire.

M. Emile Bouchet a su tracer, dans les fragments dont il a donné lecture à la Société, un tableau curieux de la domination française à Dunkerque pendant la période qui s'écoule de 1646 à 1649.

Le président remercie M. Bouchet de son intéressante communication qui sera insérée dans le prochain Bulletin de la Société.

En raison de l'heure avancée, les lectures que devaient faire MM. A. Jannin et Champion sont remises à la prochaine réunion.

L'ordre du jour étant épuisé, la séance est levée à midi 55 minutes.

Le Maréchal de Rantzau à Dunkerque

1646-1649

I

En 1662 seulement, la France mettra définitivement la main sur Dunkerque et on ne la lui arrachera plus. Pendant la première période où elle y régna, elle se contentera d'y poser les bases de sa domination future et, malgré ses efforts, ne réussira pas à conserver les fruits de la victoire du duc d'Enghien. Elle les perdra, incapable de supporter ensemble le poids des discordes civiles et le lourd fardeau de la guerre étrangère encore aggravé par la trahison et la mauvaise foi.

Jusqu'à la dernière heure, Louis XIV, aidé de Mazarin, se flatta de conserver le splendide joyau qui venait d'embellir sa couronne; aussi le récit des événements qui se déroulèrent pendant que les Français étaient pour la première fois à Dunkerque n'est pas un des épisodes les moins intéressants de son histoire.

Pour peu qu'on se donne la peine de rapprocher le texte de la capitulation de Dunkerque de celui des autres villes de la région qui se rendirent, vers la même époque, aux armées victorieuses de Louis XIV, on constate que tous ces actes sont conçus dans des termes presque identiques, ou, du moins, qu'ils stipulent presque toujours les mêmes conditions : pour les garnisons qui se sont bien défendues, les honneurs de la guerre, l'autorisation de sortir avec armes et bagages, drapeaux volants, mèches allumées, tambours battants, avec le droit de conserver la liberté et de gagner sans escorte les lignes espagnoles les plus proches. Pour les villes elles-mêmes, le droit de ne recevoir qu'un gouverneur catholique, et pour les bourgeois ou les administrations municipales qui les régissent, le maintien scrupuleux de leurs immunités, prérogatives, privilèges et juridictions.

En se montrant aussi généreux ou de composition aussi facile, le gouvernement français se conformait aux règles d'une sage politique. Il se flattait de conserver toujours ses nouvelles conquêtes et jugeait prudent de ne pas s'aliéner la sympathie de ses nouveaux sujets par des rigueurs intempestives, quitte ensuite à tourner habilement les engagements pris, si l'expérience venait à démontrer qu'ils étaient dangereux ou contraires à ses intérêts.

. . . .

Conformément aux termes de la capitulation, Louis XIV s'était engagé à choisir pour gouverneur un personnage appartenant à la religion catholique, apostolique et romaine ; son choix, ou plutôt celui de Mazarin, porta sur le maréchal de Rantzau. C'était un catholique de fraîche date dont l'abjuration ne remontait pas à plus de deux ans et que son humeur difficile rendait peu traitable ; pourtant le ministre n'hésita pas à lui donner la préférence sur tous ses rivaux, même sur Gassion qui avait eu longtemps des titres sérieux à la faveur royale ; ce n'était pas sans raison.

Né le 18 octobre 1609 dans le duché de Holstein, Josias, comte de Rantzau, prit d'abord du service en Hollande, puis en Suède et, enfin, dans les armées de l'Empire. Il n'avait pu se fixer nulle part, lorsqu'en 1633, Louis XIII lui attribuant le titre de maréchal de camp, l'attira à la solde de la France. Il ne cessa, dès lors, de prendre une part aussi active que distinguée à toutes les campagnes qui se succédèrent pendant les vingt-neuf années suivantes. Ce n'est pas ici le lieu d'énumérer ses exploits ; il joua, on le sait, un rôle important dans toutes les opérations militaires de cette époque et reçut, dit-on, soixante blessures dans le cours de sa carrière. On sait également combien il contribua au succès des opérations qui aboutirent à la prise de Mardyck, après laquelle il reçut le bâton de maréchal de France, et à celle de Dunkerque comme à l'annexion à la France d'une partie de la Flandre flamingante ou wallonne.

Ce fut alors qu'il se vit préféré à Gassion pour le gouvernement de Dunkerque, et cette préférence se justifiait encore par d'autres raisons sérieuses.

Non-seulement le maréchal de Rantzau, par ses services et ses dignités, était susceptible d'inspirer à ses administrés tout autant au moins que ses compétiteurs le respect et la crainte de l'autorité royale qu'il représentait ; mais encore, on ne l'a peut-être pas assez dit, mieux que qui ce soit, il pouvait entretenir directement des relations avec les habitants de la ville, car ses longs séjours en Hollande et en Allemagne lui avaient fourni le moyen de se familiariser promptement avec la langue flamande. Cela suffit, sans doute, pour expliquer, comment, ainsi que l'affirme Faulconnier : « ce seigneur sut si bien gouverner la ville » et s'en gagner les esprits avec sa douceur, sa bonté et » son honnêteté. »

Gagner les Dunkerquois à la France n'était pas déjà une entreprise bien facile. Pour le comprendre, il faut faire abstraction de nos idées et de nos pensées d'aujourd'hui ; il faut se rappeler que, dans notre pays flamand, tout ce qui se rattachait à la France était alors dédaigneusement qualifié de « wallon » et de « français ».

Rantzau s'appliqua à faire cesser cette hostilité dangereuse pour le présent comme pour l'avenir et chercha à recruter des auxiliaires.......

Il serait extrêmement curieux d'étudier de près les procédés administratifs du gouverneur et de voir par quels moyens il réussit à constituer, dès l'origine, à Dunkerque un parti français. Les documents font défaut pour cela ou sont encore enfouis dans la poussière d'archives d'un accès difficile : il faut donc se contenter d'indications vagues, mais il est certain que Rantzau, qui se connaissait en hommes, parvint promptement à réunir autour de lui et à attacher à la France l'élite de la plus active et la plus intelligente de la bourgeoisie dunkerquoise. Nous ne mentionnerons qu'en passant le sieur Cottars, « un des principaux bourgeois de Dunkerque » qui, en 1648, offrait ses services à Mazarin pour se venger des Espagnols qui avaient fait mourir son père ; mais nous nommerons le futur Grand Bailli, Pierre Faulconnier, dont le dévouement, plus sérieux et toujours fidèle, était déjà hautement apprécié, car il est nommé receveur des droits d'amirauté ès

« villes de Dunkerque, Gravelines et austres ports et villes « de Flandres réduites en l'obéissance du roi ».

Nous verrons plus tard combien Pierre Faulconnier, — celui-là même qui fut le père de l'historien, — rendit de services à la France. Avant d'être investi, en 1650, de la charge de Bailli, par la résignation d'un sieur Du Buisson qui l'occupait, Pierre Faulconnier, assis à côté de son père, Roland, sur les bancs de l'échevinage, était un des plus chauds partisans du régime français alors qu'il y avait quelque mérite à s'attacher aux nouveaux maîtres de Dunkerque, car ceux-ci rencontraient des opposants au dedans et au dehors ; ce n'était, de toutes parts, qu'un inextricable imbroglio d'intrigues qu'il est, à distance, bien difficile de débrouiller.

II

Le résultat de la campagne de 1646, si habilement conduite par Condé, avait été brillant pour les Français. L'année suivante, le jeune général, retenu en Catalogne, n'était plus là pour donner aux opérations militaires une direction unique ni imposer à des officiers toujours rivaux entre eux, une volonté ferme qui, sans les faire disparaître, atténuait les effets déplorables de leurs ressentiments.

Chez les Espagnols, au contraire, l'armée, placée sous le commandement supérieur de l'archiduc Ferdinand-Guillaume, avait retrouvé une partie de sa cohésion et de sa force, à la grande satisfaction des partisans de l'Espagne en Flandre. Une vieille chronique, due à la plume d'un religieux de Bergues et dont M. Charles de Laroière a publié quelques pages dans les *Mémoires de la Société Dunkerquoise*, le déclare franchement :

« En l'année 1647, le 11 avril, dit-elle, Son Altesse « impériale l'archiduc Léopold-Guillaume d'Autriche, frère « du très-puissant empereur Ferdinand, est arrivé d'Alle- « magne à Bruxelles sans y être attendu, muni des pleins « pouvoirs du gouverneur-général des Pays-Bas ; c'est un « très grand honneur que nous avons attendu longtemps ; « tout le pays est dans la joie, et l'allégresse, et non « sans raison, car un enfant est mieux traité par son père « que par son beau-père, les effets qui ont suivi son arri- « vée n'ont pas tardé à le démontrer. »

La campagne fut, en effet, menée énergiquement par les généraux du Roi Catholique, qui purent incorporer dans leur armée les troupes laissées jusqu'alors en face des Hollandais. Ceux-ci, à ce moment, engageaient des pourparlers pacifiques avec l'Espagne, et la prise de Dunkerque par Louis XIV n'avait pas peu contribué à faire rompre l'ancienne alliance qui les unissait à la France.

Les Hollandais avaient montré peu de zèle à coopérer à l'attaque de Dunkerque ; pour les décider à agir, il avait fallu négocier longtemps, insister vivement ; ils redoutaient beaucoup de voir entre les mains des Français un entrepôt commercial qui leur faisait une redoutable concurrence, et de mettre au service de leur allié cette pépinière de marins élevés à leur école et d'où sortaient leurs rivaux les plus redoutés.

Les Dunkerquois, il est vrai, s'abstinrent, alors, d'armer en course, malgré les encouragements du gouvernement ; malgré la présence parmi eux de Duquesne qui, en sa qualité de « Chef de l'Escadre de Dunkerque », vint, dès la fin de 1648, visiter le port, ils se refusèrent à s'associer contre l'Espagne aux navires Français. Beaucoup de leurs compatriotes, soit parce qu'ils étaient déjà embarqués sur des navires de Philippe IV, soit par un sentiment d'honneur et de patriotisme, n'avaient pas déserté leur drapeau ; en dépit de la perte de la ville, la flotte espagnole possédait toujours dans ses rangs, tout comme la France, une « Escadre de Dunkerque », et les nouveaux sujets de Louis XIV ne voulaient pas avoir à combattre des parents ou des amis.

Toutefois, si nos ancêtres déposaient momentanément les armes, ils ne renonçaient pas à se livrer au commerce, et les négociants de Zélande, effrayés de la concurrence, s'étaient, presqu'aussitôt après la reddition de la place aux Français, élevés contre les stipulations, trop favorables pour Dunkerque à leur gré, que portait l'acte même de la capitulation. Les Provinces-Unies comprirent alors toute l'étendue de la faute qu'elles avaient commises en facilitant à la France la possession de Dunkerque.

Aux mains de l'Espagne, cette place était moins a redouter pour elles qu'aux mains de la France.

Il était trop tard pour revenir sur les faits accomplis ; mais, du moins, on pouvait tenter d'empêcher Louis XIV d'être trop bienveillant pour ses nouveaux sujets. Des plaintes furent donc formulées contre les dispositions prises par le roi en faveur de Dunkerque. L'agent du gouvernement français, Brasset, y répondit par de vagues assurances de respect pour les droits de la Hollande et demanda des instructions plus précises à Mazarin. Dès le 27 octobre 1646, c'est-à-dire à peine quinze jours après la reddition, le ministre lui répondait :

« Vous avez parlé avec grande prudence sur les jalou-
« sies qu'a eues la province de Zélande que tout son com-
« merce ne fût attiré à Dunkerque ensuite de l'article de
« la capitulation qui confirme aux habitants tous leurs
« privilèges et exemptions, et il sera bon de continuer à
« dire que, pendant la guerre, nous ne songerons pas
« beaucoup au trafic, et que, dans la paix, le roi considé-
« rera autant les avantages de ses amis que les siens
« propres, si leur conduite l'y a obligé. »

Sa conduite à lui ne laissait guère à douter qu'il ne serait, plus tard tenu aucun compte de promesses entourées de tant de restrictions, car, au moment même où le ministre expédiait cette lettre, il faisait le meilleur accueil à des députés venus de Dunkerque à la cour « pour apporter au roi, dit l'ambassadeur vénitien Nani, les protestations de leur bonne foi et fidèle obéissance. » Mais leur voyage avait encore un autre but : « Ils demandaient, ajoute le diplomate étranger, qu'une douane fût ouverte dans leur ville et qu'on leur accordât la liberté de trafiquer avec l'Angleterre et la Hollande. »

Les actes du ministre ne répondaient guère à ses paroles ; ils achevèrent de mettre en défiance les Hollandais qui conclurent la paix avec l'Espagne. On peut même croire que le ressentiment qu'ils éprouvèrent ne fut peut-être pas sans influence sur les événements ultérieurs qui rangèrent la Hollande parmi les ennemis les plus acharnés de Louis XIV.

III

Le traité avec les Hollandais avait pour résultat immédiat, en rendant disponibles les troupes espagnoles qui leur tenaient tête, d'accroître d'autant l'effectif de l'armée ennemie des Français. Ceux-ci sentaient combien la possession de leurs nouvelles conquêtes était précaire.

Pour y intéresser la cour, Mazarin songea un instant à amener à Dunkerque le petit roi Louis XIV accompagné de la régente afin de leur montrer la mer et des vaisseaux car, à ce moment, le ministre accordait une attention particulière à la marine et cherchait de tous côtés à acheter des bâtiments. Il en avait acquis un nommé « l'Empereur » à des Dunkerquois et, d'autre part, pour s'en procurer, Duquesne avait été envoyé en mission en Suède où son frère Etienne, capitaine de la frégate « La Charité » partie de Dunkerque, l'avait rejoint, lui amenant, de concert avec la frégate « La Levrette », capitaine Wimilier, les équipages nécessaires pour monter les navires fournis par la reine Christine.

Cependant, le voyage à Dunkerque parut trop dangereux ; on conduisit la cour à Dieppe. Le roi et sa mère arrivèrent dans cette ville le 3 août. Le 4 on leur offrit le spectacle curieux d'une naumachie ; les navires alors en rade de Dieppe, arborant les uns les couleurs françaises, les autres le pavillon espagnol, se livrèrent à un simulacre de combat naval.

« D'autres fêtes attendaient Leurs Majestés pour le lendemain, dit M. A. Jal, mais un incident auquel on ne s'attendait point appela de nouveau sur le rivage toute la Cour..... On signalait au large quatre vaisseaux que l'on supposait être ceux que la France avait acquis de la reine Christine, « Le Jupiter », « Le Lion de Smalande », « La Régina » et « Le Chasseur » ; c'étaient, en effet, les navires qu'Abraham Duquesne amenait du Nord.....

La Cour fut avertie à l'instant de l'arrivée des vaisseaux..... On conduisit le roi, sa mère et leur suite au château, d'où ils purent voir s'approcher et grandir de minute en minute ces bâtiments dont le premier, « Le Jupiter », portait à un des mâts d'arrière, le contre-artimon, la flamme du chef d'escadre de Dunkerque. Quand il fut à quelques portées de canon de la ville, Duquesne, averti de la présence du roi à Dieppe, commença son salut que les autres vaisseaux firent aussi, et que le château leur rendit. Duquesne mouilla devant le château. Le cardinal de Mazarin, impatient de voir de près son acquisition, se fit porter à la rade et monta à bord du « Jupiter » où il fut reçu avec de grands cris de bienvenue et de nombreuses décharges d'artillerie.

Louis XIV, alors âgé de dix ans, ne conserva aucun souvenir de ce voyage à la mer, car lui-même déclare beaucoup plus tard que ce fut seulement après être monté à bord de « l'Entreprenant », sur notre rade, qu'il acquit les notions indispensables pour comprendre les choses de la marine ; mais il n'était pas inutile de mentionner ici cet épisode de l'enfance du grand roi, car nous voyons ainsi, en 1647, l'illustre Duquesne s'énorgueillir de titre de chef de l'escadre de Dunkerque et faire flotter fièrement au mât de contre artimon du « Jupiter » la flamme distinctive de son commandement ; cette flamme blanche et bleue, celle qui se trouve à bord de la frégate la « Charité », d'après un inventaire dressé au Havre la même année, n'est autre, ce semble, que le drapeau bien connu qu'aujourd'hui encore nos navires dunkerquois hissent en tête de mât à côté du pavillon tricolore. Dunkerque, depuis deux cent cinquante ans, a plusieurs fois changé de maîtres, bien des couleurs différentes ont flotté à la corne de ses bâtiments, son pavillon local est resté le même. Et l'on savait si bien qu'il était le symbole d'héroïsme, que, à l'égal de la France, l'Espagne conservait à une portion de ses forces navales la dénomination d'Escadre de Dunkerque, ainsi que Jal le constate plusieurs fois dans son excellente biographie de Duquesne.

Aux derniers jours de décembre 1647, par exemple, une flotte française de vingt-cinq voiles, sans compter les petits bâtiments, croisait dans la Méditerranée sous les ordres du duc de Richelieu qui avait autorité sur Duquesne, commandant de l'Escadre française de Dunkerque, et il allait se trouver en présence de l'Escadre de Dunkerque espagnole :

« Le 22 décembre, dit Jal, l'armée française eut un « engagement sérieux avec l'Armada composée de vais-« seaux espagnols et de « navires dunkerquois », et qui « vigoureusement attaquée et battue du canon, prit le « parti de la retraite. Cette affaire coûta à l'armée du Roi « environ 120 hommes ; elle coûta à l'Espagne trois « vaisseaux qui furent coulés à fond ».

Ne nous étonnons pas de cette dénomination commune d'« Escadre de Dunkerque », adoptée avec empressement par la France comme le signe toujours tangible, en quelque sorte, de sa récente victoire, conservée précieusement par l'Espagne comme l'expression toujours sensible de ses douloureux regrets, de ses espérances de revanche.

De part et d'autre, c'était un éclatant hommage à la renommée de nos ancêtres.

IV

. . . .

La Fronde, on l'a depuis longtemps remarqué, a été le dernier mouvement de révolte tenté par une aristocratie puissante pour réagir contre l'omnipotence souveraine et la centralisation administrative ; mais, s'il est vrai que la noblesse se sentait encore assez forte pour résister à l'autorité du roi, quelles ne devaient pas être les ambitions d'un gouverneur de ville comme Rantzau, honoré de la plus haute dignité militaire de l''Etat, légalement investi des pouvoirs les plus étendus dans une citadelle de premier ordre, à deux pas de la frontière et au milieu d'une population que de très faibles liens rattachaient à ses nouveaux maîtres. Ces ambitions devaient aller jusqu'aux dernières limites et, bien que le fait n'ait pas été démontré, il est vraisemblable que le maréchal de Rantzau songea, un instant, à se créer dans Dunkerque une principauté indépendante. On ne pourrait, du reste, s'étonner que cette pensée, déjà un instant caressée par Gassion à Courtrai, ait également hanté l'esprit de ce Danois mobile et fantasque qui avait, tour à tour, combattu dans la plupart des armées de l'Europe sans autre souci que celui de son intérêt personnel. Ainsi s'expliqueraient à la fois ses récriminations continuelles et le soin tout particulier qu'il avait mis, depuis qu'il était à Dunkerque, à recruter beaucoup moins des partisans à la France qu'à s'attirer à lui-même les sympathies des habitants.

Quoiqu'il en soit, les relations que Rantzau avait conservées avec quelques-uns des grands personnages engagés dans le parti de la Fronde, et ses intrigues secrètes avec l'Espagne ou la Hollande, excitèrent les soupçons de Mazarin ; après avoir joui et abusé de toute la faveur du cardinal, Rantzau tomba dans une disgrâce complète qui parut même assez justifiée pour que le ministre De Lionne pût écrire au diplomate Servien, sans paraître, le moins du monde, mettre en doute la trahison :

« Le maréchal de Rantzau traitait avec les Espagnols « pour leur remettre Dunkerque, Bourbourg, Furnes, « Bergues et Mardyck, et par conséquent Ypres qui se fût « trouvé coupé, moyennant une somme de 4 ou 500,000 « écus consignés dans une banque de Hollande. C'est une « espèce de miracle que la manière dont Dieu a permis « que nous ayons découvert l'affaire. Les Espagnols ne « furent pas peu surpris et fâchés. Penaranda ne put s'em- « pêcher de dire à Vantorte qu'ils auraient toutes nos « conquêtes de Flandre avant qu'il fût six semaines..... « Vous pouvez croire que nous ne dormons pas toutes les « nuits de fort bon sommeil. »

On peut se demander si c'est la crainte des intrigues de Rantzau qui empêchait Lionne de dormir, et s'il n'était pas aussi privé de sommeil par le souci que lui inspirait la difficulté de faire sortir le maréchal de Dunkerque ; celui-ci se trouvait en sûreté dans son gouvernement, au milieu de troupes nombreuses sur le dévouement desquelles il pouvait compter, et appuyé sur des bourgeois dont il s'était attiré les sympathies, peut-être, même, en raison de ses velléités d'indépendance et de trahison ; on résolut donc d'employer la ruse pour l'en faire sortir. Mazarin eut recours à un stratagème peu honorable qui eût, sans doute, échoué, si Rantzau eut été aussi coupable qu'on le prétendait, car sa méfiance l'aurait empêché de tomber dans le piège.

Un jour, le gouverneur de Dunkerque vit arriver près de lui son camarade Palluau, gouverneur d'Ypres, chargé, disait-il d'une mission confidentielle de la part de Mazarin dont il était un des favoris. On but abondamment et on causa ; Palluau expliqua, conformément aux instructions qu'il avait reçues, que le ministre était mécontent de Condé dont les exigences devenaient intolérables, et il faisait demander secrètement au maréchal s'il était disposé à succéder au prince dans le commandement des troupes rassemblées autour du roi. Palluau eut bien soin de faire valoir à son interlocuteur les nombreux avantages qui seraient réservés pour le chef de l'armée royale aussitôt après sa victoire sur les Frondeurs.

Rantzau ne pouvait souffrir Condé : il n'était pas insensible à l'espoir de jouer un grand rôle, il était âpre au gain ; il fut séduit, partit pour Paris ; mais, dès son arrivée, fut saisi, et conduit prisonnier à Vincennes (27 février 1649).

Que fallait-il croire des accusations portées trop légèrement, sans doute, contre le maréchal ?

Mazarin tenait les gouverneurs des villes importantes et des provinces frontières en continuelle suspicion ; cette fois, probablement, il avait été égaré par des rapports faux ou exagérés. Le maréchal avait vraisemblablement moins cherché à trahir son drapeau au profit de l'Espagne qu'à tirer parti, dans son intérêt personnel, d'une situation exceptionnelle et tout à fait favorable à son ambition.

La trahison de Rantzau ne put, en tous cas, jamais être démontrée ; il fallut le relacher ; après onze mois de captivité, les portes du donjon de Vincennes s'ouvrirent devant lui, mais il avait contracté dans sa prison les germes d'une hydropisie qui le conduisit rapidement au tombeau; il mourut le 4 septembre 1650 et fut inhumé dans l'église des Minimes de Chaillot dont il était un des bienfaiteurs. On oublia ses défauts, ses travers pour ne conserver que le souvenir de ses services et parmi les épitaphes rédigées en son honneur, il en est une qu'il faut citer parcequ'elle résume bien l'impression produite sur les contemporains par ce glorieux mutilé qui avait répandu son sang sur tous les champs de bataille ; on n'en cite jamais que les derniers vers, elle mérite d'être reproduite en entier, la voici :

Du corps du grand Rantzau, tu n'as qu'une des parts,
L'autre moitié resta dans les plaines de Mars ;
Il dispersa partout ses membres et sa gloire,
Tout abattu qu'il fut, il demeura vainqueur,
Son sang fut en cent lieux le prix de sa victoire
Et Mars ne lui laissa rien d'entier que le cœur.

Séance mensuelle du 5 Janvier 1896

OUVRAGES REÇUS

---

1. Annuaire de l'Académie Royale des Sciences, des Lettres et des Beaux-Arts de Belgique. — 1894-1895, 60e et 61e année. — Bruxelles, 1894-1895. 2 volumes brochés avec portraits.

2. Bulletin de la Société Archéologique de Béziers, 3e série. — Tome I, 1re livraison. — Béziers, 1895. Un volume broché.

3. Bulletin de la Société de Géographie de Lille. — 16e année. — Tome XXIV. No 11. — Novembre 1895, Lille. — Une brochure.

4. Bulletin historique de la Société des Antiquaires de la Morinie. — 44e année, 175e livraison. — Tome IX. — Année 1895. 3e fascicule. — Saint-Omer, 1895. 1 brochure.

5. Bulletin de la Société l'Union Géographique du Nord de la France. — Tome XVIII. — 3e trimestre 1895, Douai. — Une brochure.

6. Bulletin Archéologique du Comité des Travaux historiques et scientifiques. — Année 1894, 2e livraison. — Paris, 1894. 1 volume broché.

7. Bulletin de la Commission des Antiquités de la Seine-Inférieure. — Tome X. 1re livraison. — Rouen, 1895. — 1 volume broché.

8. Bulletin de l'Académie Royale des Sciences, des Lettres et des Beaux-Arts de Belgique. — 63e année, 3e série. — Tomes XXV, XXVI, XVII et XVIII, 1893 et 1894. — Bruxelles, 1893 et 1894. — 4 volumes in-fo brochés de 800 pages.

9. Bibliographie des Travaux Scientifiques publiés par les Sociétés savantes de France. — Tome I, 1re livraison. — Paris, 1895. — 1 volume in-4o broché.

10. Journal de la Société d'Agriculture du département des Deux-Sèvres. — Nos 9 et 10, 5e série. — Septembre et octobre 1895. — 2 brochures.

11. Journal de la Société Régionale d'horticulture du Nord de la France. — Palais-Rameau. — No 12. Décembre 1895. — 15e année. — Lille. — Une brochure.

12. Mémoires de l'Académie de Nîmes. — VIIe série. — Tome XVII. — Année 1894. Nimes. — 1 volume broché.

13. Revue des Travaux Scientifiques. — Tome XV. Nos 7, 8 et 9. — Paris. — Imprimerie Nationale, 1895. — 3 brochures grand in-8o.

Publications Etrangères

14. Boletin de la Réal Académia de la historia. — Tomo XXVII. — Guaderno VI. — Décembre 1895. Madrid 1895. Une brochure.

15. Verslagen en Mededeelingen der Koninklijke Akadémie van Wetenschappen. Amsterdam 1895. — Un volume broché.

16. Johannis Pascoli Myrmedon Carmen Praemio aureo ornatum, in certamine Poetico hocuff-tiano. — Accedunt duo Poemata Laudata. — Amstelodami CIMCCCXCV. 1 brochure.

17. De Germaansche Volken, bij Julmis Honorius en Anderen doov Mr. S. Mullev hrn. — Deel I. N° 4. Amsterdam 1895. Une brochure.

18. Bijdrage tot de Karteering onzen Zandgronden (1) (Tweede Sectie) Deel IV. N° 4. — Amsterdam 1895. Une brochure.

19. Diluvialstudien ùn Südwesten von Friesland von Dr. H. Vau Cappelle. — Tweede Sectie. — Deel IV. N° 3. — Amsterdam 1895. Une brochure.

20. Regelmässige Schnitte und Projectionen in Vierdimensionalem. Raume Van P. H. Schoute. — Eerste Sectie. — Deel II. N° 7. — Amsterdam 1894. Une brochure avec planches.

21. Beobachtungen über die Hefearten-und Zuckerbildenden Pllze der Arackfabrikation van Dr. F. A. F. C. Went und H. C. Prinsen-Geerlige. — Tweede Sectie. — Deel IV. N° 2. — Amsterdam 1895. Une brochure.

22. Jaarboek van de Koninklijke Akademie van Wetenschappen Gevestigd te Amsterdam voor 1894. — Amsterdam-Joannes Mullev. Un volume broché.

23. De Verplaatsing van eenige Triangulatie-Pilaren in de Résidentie Tapanoeli (Sumatra) Tengevolge Van de Aardbeving van 17 Mai 1892. — Deel II. N° 2. — Amsterdam 1895. Une brochure.

24. Over de Vittae der Umbelliferen door C. Van Wisselingh (Tweede Sectie) Deel IV. N° 1. — Amsterdam 1894. Une brochure.

25. Over de Samensteling, het Voorkomen, en de Vorming van Sideroze (Witte-Klien) en van Vivianiet door J.-M. Van Bemmelen. — Eeerste Sectie. — Deel III. N° 1. — Amsterdam 1895. Une brochure.

26. Verslagen van de Zittingen der Wis en Natuur-Kundige Af-deeling vande Koninklijke Akadémie van Wetenschappen van Mai 1894. Tot 18. April 1895. Deel III. — Amsterdam 1895. Un volume broché.

27. Die Phylogenese des Amnions und die Bedeutung des Trophoblastes van A. A. W. Hubrecht. Twede sectie. — Di IV. N° 5. Amsterdam, 1895. — Une brochure.

28. Ueber die Reglung der osmotischen Spann Kraft. von Flussigkeiten in Bauch. und Péricardialhohle van Dr. H. J. Humberger. Twede Sectie. — Deel IV, N° 6. — Amsterdam, 1895. — Une brochure.

29. Over de Théorie der Stràling in verband met de voor stelling van Fourier door P. H. Dojes. — Eeerste Sectie. — Deel III, N° 4. — Amsterdam, 1895. — Une brochure.

30. Over de Merkwaardige punten van den driehoek door W. Kapteyn. — Eeerste Sectie. — Deel III. N° 3. Amsterdam 1895. Un volume.

Séance mensuelle du 2 Février 1896

Présidence de M. DURIAU Père, *Président.*

La séance est ouverte à onze heures du matin, sous la présidence de M. Duriau Père, président.

Présents : MM. Debacker, secrétaire-général ; Quiquet, archiviste ; Coolen, C. Duriau, Delaage de Bellefaye, Champion, Ch. Lefebvre, Henri Lefebvre, Van Moé, Reumaux, membres, et Jannin, secrétaire.

Le procès-verbal de la dernière séance est accepté après lecture.

La correspondance comprend :

1° Une lettre de M. Alfred Roche, directeur de l'octroi de Dunkerque priant la Société Dunkerquoise de bien vouloir accepter sa démission de membre titulaire résidant.

M. le président Duriau veut bien se charger de faire une visite à M. A. Roche au nom du bureau, dans le but de l'engager à revenir sur sa décision.

2° Un accusé de réception du Ministère de l'Instruction publique et des Beaux-Arts pour le mémoire de M. A. Champion, intitulé *l'Homme et la Guerre*, destiné au Congrès des Sociétés savantes :

Ce document sera soumis à l'examen du Comité des Travaux Historiques et Scientifiques du Ministère avant d'être lu en séance publique.

L'ordre du jour appelle l'élection de deux nouveaux

membres, présentés par MM. Duriau père, Debacker et C. Duriau :

M. Ernest Hamoir, négociant, né à Dunkerque, le 14 avril 1845, et M. Emile Calot, sculpteur, professeur aux Ecoles Académiques, né à Douai (Nord), le 24 décembre 1843, ayant réuni l'unanimité des suffrages sont proclamés membres titulaires résidants.

M. Quiquet, archiviste, prend la parole pour rendre compte des travaux de la Commission chargée d'examiner la proposition de M. Sigerson sur l'Ecole de la Parole.

« La Commission à laquelle la Société Dunkerquoise dit-il, avait confié le soin d'apprécier la proposition formulée par M. W. Sigerson s'est réunie le 29 janvier 1896, et, tout en rendant plein hommage à l'initiative du promoteur d'une « Ecole de la Parole », il ne lui a pas paru que ce projet fût susceptible en France d'une solution pratique parce que :

1° Aucun conférencier, s'il ne possède déjà l'habitude de la parole, ne se décidera à se présenter devant un auditoire ;

2° Si un débutant était assez confiant en lui-même ou assez dévoué pour risquer l'exposé d'un sujet, il aurait, au dernier moment, à lutter contre le trac et risquerait fort d'échouer. Pour un succès, on aurait des fiasco ;

3° Les échecs ne seraient pas seulement déplorables pour l'orateur : ils engageraient la responsabilité de la Société Dunkerquoise ;

4° Les conférenciers de l'Ecole de la parole auraient peut-être deux ou trois fois un auditoire sympathique. A la quatrième, le public ennuyé ne viendrait plus ;

5° L'Ecole de la parole existe depuis que l'Université, reprenant une ancienne pratique des Jésuites, a introduit l'usage de confier à certains élèves le soin de développer oralement devant leurs camarades, un sujet que le professeur reprend ensuite à son tour.

C'est là la véritable « Ecole de la parole. »

« Incidemment, la Commission a recherché les moyens qui permettraient à la Société Dunkerquoise de se faire connaître davantage et de favoriser le développement de l'instruction populaire. »

M. Sigerson étant absent, la Société décide que la discussion du rapport aura lieu dans une séance ultérieure afin que l'auteur du projet puisse fournir les développements qu'il comporte et répondre aux objections du rapport de la Commission.

Une candidature de membre titulaire est présentée. Conformément au règlement, elle restera affichée dans le local ordinaire des séances jusqu'à la prochaine réunion.

Le président expose qu'il a reçu de plusieurs membres l'invitation d'appeler l'attention de la Société sur l'opportunité des conférences ; il ajoute qu'à différentes reprises la Société a organisé des conférences qui ont eu un grand succès et des cours d'adultes qui ont été assez fréquentés. Puis le public ne répondant plus aux efforts de la Société, celle-ci ne continua plus ces conférences. Toutefois il croit qu'il y aurait lieu de ne pas rester indifférent au mouvement général qui se produit actuellement en faveur de cette diffusion de l'instruction. L'Assemblée approuvant la proposition du président nomme une commission composée de MM. *Reumaux*, *Jules Lefebvre* et *Quiquet* pour étudier les voies et moyens de donner suite au projet de conférences et de cours d'adultes.

Le programme de la séance appelle les lectures.

La parole est donnée à M. Champion qui lit le chapitre IV de son travail *l'homme et la Guerre*. Il s'élève au nom de la raison contre cette plaie sociale « La Guerre » et établit dans un rapide aperçu historique, que les plus puissants empires se sont écroulés par les causes mêmes qui les avaient élevés.

L'ouvrage comprenant cinq chapitres a été adressé au ministre de l'Instruction Publique pour être soumis au Congrès des Sociétés Savantes qui se tiendra à la Sorbonne au mois d'avril prochain, comme l'indique du reste la lettre citée plus haut.

Le chapitre I traite de l'Immutabilité de l'espèce humaine.

Le chapitre II est une analyse succincte des religions.

Dans le chapitre III, prenant l'homme préhistorique, il suit les phases de l'industrie et du développement intellectuel de l'espèce.

Le chapitre IV est un parallèle entre les maux de la guerre et les bienfaits dont l'humanité est redevable aux hommes qui se sont illustrés dans toutes les branches de l'activité humaine. L'auteur termine enfin par un chaleureux appel à la fraternité universelle.

M. A. Jannin, secrétaire, termine la série des lectures par un chapitre de son ouvrage *Les Cloches du Monastère*.

Ce chapitre est intitulé le *Prêche*. Les gueux qui ravagèrent la région pendant les troubles religieux du XVIme siècle se réunissent la nuit dans une prairie située non loin d'Hondschoote. L'auteur essaie de retracer la vie mouvementée et pleine d'imprévu des sectaires ou des iconoclastes, l'horreur profonde qu'inspira dans les Flandres l'établissement de l'Inquisition Espagnole.

Les gueux chantent le psaume des Lévites à Babylone.

Et au milieu de cette foule hurlante de miséreux assemblés nuitamment pour protester contre les abus du Saint-Office, les cloches abbatiales qui sonnent à toutes les phases marquantes de l'ouvrage font entendre leurs sonorités brillantes, leur mélodie de cuivre dans ce concert de la désespérance et du malheur.

M. le président, au nom de la Société, remercie vivement MM. Champion et Jannin de leurs intéressantes lectures. Plusieurs membres joignent leurs félicitations personnelles à celle du président.

M. Lefebvre, trésorier, dépose sur le bureau ses comptes pour l'exercice 1895 et son projet du budget pour l'année 1896. Une Commission de trois membres est nommée pour les examiner. Elle se compose de MM. Gourliau, Guillain et James.

L'ordre du jour étant épuisé, la séance est levée à midi 1/2.

Séance mensuelle du 5 Février 1896

OUVRAGES REÇUS

1. Bulletin de la Société d'Agriculture, Sciences et Arts de la Sarthe. 11e Série. Tome XXVII. Années 1895 et 1896. 2e fascicule. 1 volume broché. Le Mans 1895.

2. Bulletin de la Société des Amis des Sciences et Arts de Rochechouart. Tome V. N° IV. 1 brochure. Rochechouart 1895.

3. Bulletin de la Société académique de Brest. 2e Série. Tome XX. 1894-1895. Un volume broché. Brest 1895.

4. Bulletin de l'Institut Archéologique Liégeois. Tome XXIV. 2e livraison. 1 volume broché. Liège 1895.

5. Hiatus et Lacune. Vestiges de la Période de transition dans la Grotte du Mas-d'Azil par Ed. Piette. Extrait des bulletins de la Société d'Anthropologie de Paris. 1 brochure. Beaugency 1895.

6. Journal des Savants. Novembre et Décembre 1895. Paris, Imprimerie Nationale. 1895. 2 brochures in-4°.

7. Journal de la Société d'Agriculture du département des Deux-Sèvres (*Maître Jacques.*) N° 11. 5e Série. Novembre 1895. 1 brochure.

8. Journal de la Société Régionale d'Horticulture du Nord de la France. Palais Rameau. N° 1. Janvier 1896. 16e année. 1 brochure.

9. Rapports commerciaux des Agents diplomatiques et consulaires de France. Année 1896. N° 330. Italie. Commerce et Industrie de Florence en 1894. 1 brochure.

Publications Etrangères

---

10. Boletin de la Real Academia de la Historia. Tomo XXVIII Guaderno I. Enero 96. 1 brochure. Madrid 1896.

Séance mensuelle du 1er Mars

Présidence de M. F. DURIAU, *Président.*

La séance est ouverte à 11 heures dans une salle de la Bibliothèque communale, sous la présidence de M. Duriau père, président.

Sont présents : MM. Terquem, président honoraire ; Isambert et Vaneste, vice-présidents ; Debacker, secrétaire général ; Quiquet, archiviste ; C. Lefebvre trésorier ; Bouchet, Champion, E. Collet, Daigremont, Delaage de Bellefaye, Dodanthun, Ch. Duriau, G. Duriau, Hamoir, James, Gourliau, Morel et Jannin, secrétaire.

La parole est donnée au secrétaire pour la lecture du procès-verbal de la dernière séance, lequel est adopté sans observation.

Le Président procède ensuite à l'ouverture de la correspondance. Elle comprend :

1° Une circulaire de la Société Archéologique d'Eure-et-Loir prévenant la Société Dunkerquoise qu'à l'occasion du Concours régional de Chartres, une Exposition des arts rétrospectifs sera organisée dans cette ville. Les archéologues font appel à tous les amateurs ou possesseurs d'objets anciens et demandent leur concours pour le succès de l'entreprise qu'ils vont tenter ;

2° Une lettre de M. Deconinck, d'Arras, proposant à la Société Dunkerquoise de nommer membre correspondant Mlle Saury, officier d'Académie, Directrice de l'Asile modèle à Boulogne-sur-Mer.

Cette proposition est acceptée et Mlle Saury est proclamée membre correspondant.

M. F. Duriau annonce que, se conformant au désir de la Société, il s'est rendu chez M. Roche, qui avait donné sa démission de membre titulaire et que M. Roche a bien voulu retirer cette démission.

Le scrutin est ouvert pour l'élection de deux nouveaux membres :

M. Elisée Becq, sous-préfet de Dunkerque, est proclamé membre honoraire.

M. Georges Dutoit, industriel à Dunkerque, est proclamé membre titulaire résidant.

Deux nouvelles candidatures sont proposées par MM. Duriau père, Jannin et Gustave Duriau. Conformément au règlement, elles sont affichées dans le local des séances ; l'élection aura lieu à la prochaine réunion.

L'ordre du jour appelle la discussion du rapport de la Commission chargée d'examiner la proposition de M. Sigerson sur l'*Ecole de la Parole*. Avant d'ouvrir les débats, le Président prie M. Jannin de donner de nouveau lecture du rapport de la Commission afin de limiter autant que possible l'étendue de la discussion.

Prenant ensuite la parole, M. Duriau père dit qu'il ne saurait se rallier aux conclusions de la Commission qui repousse complètement le projet de M. Sigerson : il croit même devoir signaler une contradiction manifeste dans le rapport de la Commission — deuxième conclusion. Or, les développements dans lesquels est entré M. Sigerson sont de nature à faire prendre ce travail en sérieuse considération.

M. Emile Bouchet, tout en rendant hommage à l'esprit d'initiative de son confrère, ne saurait appuyer son projet qui, d'après lui, aurait peu de chance de réussir à Dunkerque. Nos mœurs ne sont pas de nature à encourager une telle entreprise et l'usage qu'on fait, en général, des conférences contradictoires est un exemple de ce qui serait réservé au projet de M. Sigerson.

MM. Champion et Vaneste ne partagent pas ces craintes et, au moment où la Société cherche les moyens de propager l'instruction, ils croient qu'il y aurait lieu de fusionner ce projet avec celui des conférences et cours d'adultes pour l'étude desquels une Commission a été récemment nommée.

M. Debacker, sans repousser le projet de M. Sigerson, propose un moyen terme qui consisterait à inviter les candidats des concours de lecture et de déclamation à faire l'analyse ou la critique des morceaux de prose ou de poésie qu'ils ont récités. Les jeunes gens pourraient ainsi se familiariser avec l'art de bien dire et surtout à parler avec aisance devant un auditoire naturellement bienveillant.

M. Sigerson se rallie à cette proposition.

Résumant la discussion, le Président fait observer que les candidats des concours de lecture sont, en général, d'un âge trop peu avancé pour répondre à l'idée de M. Sigerson. Néanmoins, il croit devoir mettre aux voix la proposition telle qu'elle a été amendée et qui consiste à prier M. Sigerson de vouloir bien étudier, de concert avec la Commission, les moyens de rendre pratique son projet de l'*Ecole de la Parole*. Cette proposition, mise aux voix, est adoptée.

M. Gourliau, membre de la Commission des finances, prend ensuite la parole pour rendre compte des travaux des membres chargés d'examiner les comptes du trésorier.

Il s'exprime en ces termes :

« La Commission, composée de MM. James, Guillain et Gourliau, que vous avez chargée d'examiner la comptabilité du Trésorier, s'est acquittée de son mandat ; elle a constaté que le compte de gestion de 1895 est appuyé de pièces justificatives régulièrement visées par le Président de la Société.

» Ce compte fait ressortir, il est vrai, un excédent apparent de dépenses s'élevant à 118 fr. 83 couvert par une avance de pareille somme faite par M. Ch. Lefebvre, mais il convient de remarquer que, contrairement à l'article 3 du règlement, le Trésorier n'a pas opéré le recouvrement des cotisations du 2e semestre 1895 dont la perception se serait traduite par une encaisse de plusieurs centaines de francs au 1er Janvier 1896.

» En procédant ainsi, M. Lefebvre a, d'ailleurs, suivi les anciens errements, mais votre Commission émet l'avis qu'à l'avenir les cotisations soient perçues sinon à l'avance, comme le prescrit le règlement, du moins au plus tard dans le dernier mois du semestre en cours, de façon à ce que les séances de présence puissent être déduites du montant des cotisations.

» Par suite, et à titre transitoire, il y aurait 3 semestres à recouvrer en 1896, comprenant le 2e semestre de 1895 et les 2 semestres de l'année courante, de façon qu'à partir du 1er janvier 1897 le compte de gestion présente la situation régulière de la Société au point de vue financier.

» Sous cette réserve, votre Commission vous propose d'approuver le compte de gestion de M. Lefebvre pour 1895 et de lui voter des remerciements pour les soins dévoués qu'il apporte dans l'accomplissement de ses fonctions. »

Cette lecture terminée, le Président fait observer que le rapport de la Commission émet deux conclusions qui ne peuvent être simultanément mises aux voix. Il propose d'abord l'approbation du compte du trésorier et de son projet de budget pour 1896, de plus, des remerciements à M. C. Lefebvre pour sa bonne gestion pendant l'année 1895. L'assemblée adopte à l'unanimité cette proposition. Quant à la seconde conclusion de la Commission qui n'est pas conforme au règlement, une discussion s'engage entre MM. Gourliau, Quiquet et Vaneste et il est décidé que la Société sera appelée à modifier l'article 3 du règlement en assemblée générale. En conséquence, le bureau est chargé de rechercher de quelle façon il conviendra de proposer une modification au règlement.

M. A. Champion demande la parole pour communiquer son rapport sur les travaux de la Commission à qui a été confié le travail de M. Toulouze.

La Commission, après débat contradictoire, a pensé qu'il n'y avait pas lieu d'insérer l'ouvrage de M. Toulouse, l'ampleur du travail présenté par l'auteur ne le permettant pas.

Histoire d'un village ignoré présente néanmoins beaucoup d'intérêt : des questions géologiques, historiques, la généalogie de familles existant encore, pouvaient tenter M. Toulouze qui a su mener à bien une tâche considérable ; mais, entraîné par le développement de l'ouvrage, l'auteur a produit un travail trop étendu pour être inséré dans le volume des Mémoires de la Société Dunkerquoise.

Enfin, malgré les aperçus généraux, le but a été pour M. Toulouze d'étudier plus particulièrement dans sa consciencieuse monographie, le village de Bagneux.

L'ouvrage que l'auteur a bien voulu communiquer à la Société, intéresse surtout le département de la Seine. C'est donc avec regret que la Commission se voit forcée de ne pouvoir donner satisfaction à M. Toulouze, tout en le félicitant et en le remerciant du plaisir que les membres chargés de l'examen de son travail ont éprouvé en le lisant.

A la suite de ce rapport, une discussion s'élève sur l'opportunité d'insérer dans les Mémoires de la Société des travaux aussi considérables par leur étendue et sans intérêt direct pour la région. Cette opinion est surtout développée par M. Bouchet, et l'assemblée paraissant partager la manière de voir de la Commission, le Président met aux voix les conclusions de la Commission, qui sont adoptées. M. Daigremont veut bien se charger de transmettre à M. Toulouze la décision de la Société.

La Commission nommée pour étudier la question de fonder à Dunkerque des cours d'adultes n'ayant pu se réunir, l'examen de ses travaux est remis à une prochaine séance.

M. le Président donne la parole à M. Emile Bouchet qui communique à la Société un travail très documenté sur les rapports de la langue anglaise et de la langue française.

Ces quelques pages prises au hasard dans son ouvrage se bornent à indiquer les grandes lignes d'une œuvre d'ensemble que M. E. Bouchet compte publier.

Il vise surtout à montrer que, à la suite de l'invasion normande de 1060 et comme conséquence de la domination française outre-Manche, la langue de Guillaume le conquérant a intimement pénétré le vocabulaire britannique, de telle sorte que bien des mots du vieux français, que notre idiome a perdus, persistent encore au delà du détroit.

Cependant, en s'acclimatant sur le sol de la Grande-Bretagne, bien des mots se sont défigurés au point qu'il est aujourd'hui très difficile de les reconnaître sous leur déguisement. M. Bouchet montre comment les règles de la philologie permettent de leur arracher leur masque et de retrouver ainsi leur origine.

Désireux de terminer son intéressante communication par un exemple caractéristique, M. Bouchet retrace dans tous les détails l'histoire du mot Budget, notre vieux substantif *Bougette* revenu en France avec une acception et une forme nouvelles. Ces quelques pages sont écoutées avec le plus vif intérêt et des applaudissements soulignent les dernières phrases de cette intéressante communication.

L'heure avancée ne permet pas à MM. Duriau et Jannin de faire les lectures qu'ils ont annoncées ; sur la proposition du Président, elles sont remises à la prochaine réunion.

La séance est levée à 1 heure.

Séance mensuelle du 1er Mars

OUVRAGES REÇUS

1. Bulletin de la Société Archéologique de Sens. Tome XVII. Un volume broché. Sens 1895.

2. Bulletin de la Société Industrielle d'Amiens. Tome XXXIII. Septembre et novembre 1895. Une brochure grand in-8. Amiens 1895.

3. Bulletin de la Société de Géographie de Lille. Seizième année. Tome XXIV. N° 12. Décembre 1895. Une brochure.

4. Bulletin de l'Académie d'Archéologie de Belgique. Quatrième série des Annales. 2e partie, XXIII. 1895. XXIV. XXV. 3 brochures. Anvers.

5. Bulletin de la Société des Antiquaires de Picardie. Année 1895. 1895 à 1896. Numéros 2 et 3. Amiens. 1896.

6. Bulletin de la Société Archéologique de Sens. Tome XVI. Un volume broché. Sens 1894.

7. Bulletin Historique et Philologique du Comité des Travaux historiques et scientifiques. Année 1895. Numéros 1 et 2. Un volume grand in-f°. Paris. Imprimerie Nationale, 1895.

8. Bulletin de la Société Archéologique d'Eure-et-Loir. Numéros 218 et 219. Janvier et Février 1896. Procès-verbaux et Mémoires. 2 brochures. Chartres 1896.

9. Cartulaire de Saint-Barthélemy de Béthune par le comte A. de Loisne, docteur en droit. Société des Antiquaires de la Morinie. Un volume in-4. Saint-Omer 1895.

10. Journal de la Société d'Agriculture du département des Deux-Sèvres (Maître Jacques). N° 12. 5e série. Décembre 1895. Une brochure.

11. Société de Géographie de Lille. Liste des Conférences faites à Lille pendant les années 1880 à 1894. Une brochure. Lille 1895.

Publications Étrangères

---

12. Boletin de la Real Academia de la Historia. Tomo XXVII. Guaderno et Febrero 1896. Une brochure Madrid 1896.

Séance mensuelle du 12 Avril 1896

Présidence de M. F. DURIAU, *Président.*

M. Duriau père, Président, ouvre la séance à 11 heures précises.

Sont présents : MM. Isambert, vice-président ; Debacker, secrétaire général ; Ch. Lefebvre, trésorier ; Quiquet, archiviste ; Calot, E. Collet, Delaage de Bellefaye, G. Duriau, Gourliau, Henri Lefebvre et Jannin, secrétaire.

Le Président communique la correspondance déposée sur le bureau. Elle comprend :

1° Une lettre de Mlle Saury, Directrice de l'Ecole Maternelle modèle de Boulogne-sur-Mer, remerciant la Société Dunkerquoise de l'avoir nommée membre correspondant ;

2° La réponse de M. Becq, sous-préfet de l'arrondissement de Dunkerque, exprimant ses remerciements pour le titre de membre honoraire que la Société Dunkerquoise lui a décerné dans sa séance mensuelle du mois dernier ;

3° Une lettre de M. Van Moé, architecte, donnant sa démission de membre résidant de la Société. Il prie en même temps le bureau de lui accuser réception de sa lettre ;

4° La démission de M. Vallerey, appelé à occuper la chaire d'Hydrographie de Marseille. M. Vallerey, à son grand regret, se voit forcé de donner sa démission de membre titulaire résidant. Les bons et excellents rapports qu'il a toujours entretenues avec ses collègues, lui font dire que l'éloignement n'interrompra pas ses anciennes et amicales relations.

Après lecture de cette lettre, le Président rappelle les nombreux services rendus à la Société Dunkerquoise par M. Vallerey qui a longtemps fait partie du bureau comme président ou vice-président. Il fait ressortir sa constante collaboration aux volumes des Mémoires, ses nombreuses communications sur les différents genres d'études de la Société, ses conférences qui furent suivies avec le plus grand succès ; enfin, « M. Vallerey, ajoute-t-il, est le fondateur et l'organisateur des concours de lecture et de déclamation qui fonctionnent depuis plus de dix ans à la satisfaction générale ». Il propose donc de donner un témoignage d'estime et de sympathie au collègue que ses devoirs professionnels éloignent de la Société en le nommant Membre honoraire.

La proposition du Président est votée par acclamation.

M. Debacker rappelle la proposition de M. E. Bouchet relative à la formation de l'album contenant les portraits des membres de la Société Dunkerquoise et signale le retard apporté par plusieurs collègues.

Il est décidé qu'une lettre de rappel sera envoyée à tous ceux qui n'ont pas encore fait parvenir leur photographie au secrétaire général.

L'ordre du jour appelle le scrutin pour l'élection de deux membres titulaires, M. G. Frédéric Morel, né à Calais en octobre 1854, ingénieur de la Compagnie des Bateaux à hélice du Nord, présenté par MM. F. Duriau, Debacker et Jannin, et M. Vaillant Gustave, né à Thun-l'Evêque (Nord), Directeur d'Ecole communale à Dunkerque, présenté par MM. F. Duriau, G. Duriau et Debacker.

Ces deux candidats sont élus à l'unanimité membres titulaires résidants.

Une nouvelle candidature est proposée. Elle restera affichée jusqu'à la prochaine réunion.

La Société est appelée à se prononcer sur une modification à apporter au règlement. Le Président fait observer qu'il ne s'agit point de modifier les statuts, mais le règlement et, qu'en conséquence, l'Assemblée est valablement constituée pour procéder à cette opération. Il ajoute qu'à la suite du vote du projet de budget pour 1896, la Société, dans sa séance du 1er Mars, considérant que la suppression des jetons de présence rend plus difficile la comptabilité du Trésorier, a chargé son Bureau de rechercher de quelle façon il convenait de modifier le règlement afin de faciliter cette comptabilité. Dans une réunion du Bureau, il a été décidé que l'on proposerait à la Société de percevoir désormais les cotisations à l'expiration de chaque semestre. Après une discussion à laquelle prennent part la plupart des membres présents, l'assemblée adopte la proposition du Bureau et l'article 3 du règlement sera modifié comme suit :

« *La cotisation des membres de la Société est exigible à l'expiration de chaque semestre ; elle est calculée depuis le mois de l'admission jusqu'au mois du départ inclusivement.* »

Tout membre démissionnaire ne devra donc payer à l'avenir sa cotisation que jusqu'au moment de son départ, de cette façon tout mois commencé sera acquis à la Société.

L'ordre du jour appelle les lectures qui n'avaient pu être faites dans la séance précédente.

M. G. Duriau communique un travail sur le Seamen's Institute à Dunkerque. Après une description rapide du local, M. G. Duriau retrace les grandes lignes du caractère anglais : l'entente cordiale et dévouée entre les membres de la grande famille britannique, le profond respect pour les institutions du pays, le souvenir des coutumes anciennes rappelant les veillées des longs soirs de Noël au milieu de la famille assemblée autour du foyer.

Ces réunions familiales qui rappellent sur la terre étrangère le pays des ancêtres, ont cet avantage que, partout, elles sont un refuge pour le marin, un endroit sûr pour celui qui voyage et qui veut pendant quelques heures se trouver en compagnie de ses compatriotes.

L'auteur émet l'idée de fonder aussi des lieux de réunion semblables à l'étranger où le voyageur pourrait loin de la terre de France retrouver des nationaux pour s'entretenir avec eux du pays natal. Ces réunions intimes seraient faites surtout pour le marin que sa profession spéciale semble avoir isolé des siens et qui, jusqu'à présent, n'a été pour beaucoup qu'un objet d'exploitation courante.

Un établissement dans le genre des Seamen's Institute vient d'être fondé à Dunkerque « la maison du marin ». Ceux qui ont organisé cette institution dans notre ville méritent certainement les remerciements et l'estime de tous les français. M. G. Duriau termine en espérant voir bientôt fonctionner des maisons analogues, non seulement dans les ports, mais dans tous les centres importants du Globe.

Après cette intéressante lecture, M. G. Duriau communique un mémoire sur la médecine au XVIIIe Siècle. Dans ce mémoire il est surtout question des mesures que les pouvoirs publics prenaient jadis pour empêcher l'exercice illégal de la médecine. Comme de nos jours bon nombre de malades, au lieu de recourir à l'expérience des hommes de l'art, préféraient, le plus souvent, consulter des rebouteux ou des bonnes femmes prétendant connaître des remèdes pour guérir certaines maladies.

Au siècle dernier, un édit trouvé dans les archives de la ville de Dunkerque, interdisait à tous ceux qui ne possédaient pas le diplôme de Licencié ou de Docteur en médecine de prescrire des médicaments aux malades. Cet édit rappelle les ordonnances royales de 1707 et 1748 enregistrées déjà au greffe de l'Echevinat. Dans la catégorie de ceux que visait l'édit, sont aussi compris les Apothicaires qui pratiquaient également la médecine clandestinement au lieu de se renfermer dans la simple préparation des médicaments ordonnés par les médecins ; les Religieuses dites sœurs noires établies à Dunkerque sont aussi invitées à s'abstenir de donner aux malades qu'elles soignaient des remèdes, qui, au lieu de les soulager, pouvaient causer de graves désordres.

Il en est de même des sages-femmes, des chirurgiens navigateurs, des religieux mendiants ou non mendiants ; défense leur est faite de distribuer même gratuitement des médicaments, sous peine d'une amende de 500 livres.

M. G. Duriau termine en disant très judicieusement qu'à plus d'un siècle de distance, il ne reste plus rien de ces anciens édits et ordonnances pour protéger la santé publique et que malgré les lois interdisant l'exercice de la médecine, à toute personne ne possédant pas les titres nécessaires, nous en sommes au même point, pas mal de rebouteux, continuant encore impunément leur métier de guérisseurs occultes.

M. G. Duriau est vivement félicité par ses collègues et il est décidé que son premier travail fera partie du prochain bulletin, tandis que le second sur l'exercice illégal de la médecine, qui présente un intérêt particulier pour l'histoire locale, sera inséré dans le 29e volume des Mémoires de la Société.

M. le docteur Reumaux, membre titulaire résidant, lit ensuite un mémoire sur la « Natalité, la morbidité et la mortalité » à Dunkerque, de 1884 à 1896.

La lecture de M. Reumaux est un exposé des remarques qu'il a faites à Dunkerque pendant les douze années qui viennent de s'écouler. En qualité de médecin des épidémies ou de conseiller municipal, mieux que tout autre il a pu apprécier la natalité, la morbidité et la mortalité dans notre ville.

D'un tableau inséré dans les premières pages de l'ouvrage, il résulte que pendant la période duodécimale de 1884 à 1896, les naissances se sont élevées au chiffre de 15,972 ; ce qui donne pour une population de 40,000 âmes 33 naissances annuelles par 1,000 habitants.

Ce serait, d'àprès M. le docteur Reumeaux, notre arrondissement qui tiendrait le record pour la natalité en France, le nombre des naissances étant de 1980 pour 1,000 décès. Malheureusement, cette heureuse situation commence à décroître, car on constate que, depuis douze ans, le chiffre des naissances a beaucoup diminué progressivement de 1,402 en 1884, il est arrivé à celui de 1,230 pour 1895.

M. Reumaux conclut que si en France et ailleurs la natalité diminue, c'est uniquement parce que les familles ne veulent plus avoir d'enfants et qu'à la fécondité naturelle, les époux préfèrent une stérilité volontaire. C'est là que serait la véritable plaie sociale et comme le dit M. Reumaux, « l'hygiène est impuissante dans cet état de choses. Elle peut empêcher de mourir, mais elle ne peut pas contraindre à naître. »

L'auteur examine ensuite cette intéressante question de la dépopulation de la France qui passionne tant en ce moment les philosophes et les économistes. Il constate, comme beaucoup du reste l'ont fait déjà, que les naissances diminuent parce que beaucoup de gens aisés ne veulent pas voir leur capital s'émietter plus tard entre les mains de nombreux enfants. La fortune étant morcelée, il s'en suit naturellement que chacun tient à conserver ce qu'il a su économiser, de façon à payer le moins possible d'impôts indirects.

Dans l'impossibilité où nous nous trouvons de réformer le code civil, M. Reumaux recommande le respect des croyances religieuses, qui, d'après lui, régénérant le mariage, pourraient seules nous rendre une population croissante, selon la loi de la vie.

De nombreux applaudissements accueillent cet intéressant travail et il est décidé qu'il paraîtra dans le prochain volume des Mémoires de la Société.

La séance est levée à 12 heures et demie.

Séance mensuelle du 12 Avril 1896

OUVRAGES REÇUS

1. Annales de l'Académie de Macon. 2e Série. Tome XI. 1 volume broché. Macon 1895.

2. Annales du Musée Guimet. (La Saga de Nial) traduite par Rodolphe Dareste. 1 volume broché.

3. Annales du Musée Guimet. Tome 27e. (Le Siam ancien) par Louis Fournereau. 1re partie. 1 volume grand in-4° Paris 1895.

4. Bulletin de l'Union Géographique du Nord de la France. Tome XVI. 4e Trimestre 1895. 1 brochure. Douai 1895.

5. Bulletin de l'Académie du Var. Nouvelle série. Tome XVIII. 1895. 1 volume broché. Toulon 1896.

6. Bulletin de la Société des Amis des Sciences et Arts de Rochechouart. Tome V. N° V. 1 brochure. Rochechouart. Novembre 1895.

7. Bulletin de la Société de Géographie de Lille. 17e année. Tome 25e. 1896. Janvier. N° 1. 1 brochure.

8. Bulletin de la Société d'Etude des Sciences Naturelles de Nîmes. 23e année. Octobre-Décembre 1895. N° 4. 1 brochure. Nîmes 1895.

9. Bulletin Historique de la Société des Antiquaires de la Morinie. 44e année. 176e livraison. Tome IX. Année 1895. 4e fascicule. 1 brochure. St-Omer. 1896.

10. Bulletin de la Société Archéologique d'Eure-et-Loir, N° 220. Mars 1896. Tableau de la Ville de Chartres. 1 brochure. Chartres 1896.

11. Bulletin Archéologique du Comité des Travaux Historiques et Scientifiques Année 1895. 1re et 2e livraisons. Paris 1895. Imp. Nationale. 1 volume grand in-8°

12. Bulletin-Revue de la Société d'Emulation et des Beaux-Arts du Bourbonnais. Année 1895. 12 brochures. Moulins (Allier) 1895.

13. Journal des Savants. Janvier et Février 1896. 2 brochures in-4°. Paris. Imprimerie Nationale 1896.

14. Journal de la Société d'Agriculture des Deux-Sèvres (Maître Jacques) N° 2. Sixième série. Février 1896. 1 brochure.

15. Journal L'Architecture et la Construction dans le Nord. Publication mensuelle de la Société des Architectes du Nord de la France (5e année N° 3 et 4) Mars et Novembre 1895. 2 brochures avec photo-gravure.

16. Mémoires de l'Académie Nationale des Sciences, Arts et Belles Lettres de Caen. 1 volume broché. Caen 1895.

17. Mémoires de l'Académie de Metz. 2e période, LXXVe année, 3e série. XXIIIe année 1892-1893. 2e partie. 1893-94-1894-95. 3 volumes brochés. Metz 1895.

18. Mémoires de l'Académie des Sciences, Inscriptions et Belles Lettres de Toulouse. 9e série. Tome VII. 1 volume broché. Toulouse 1895.

19. Mémoires de la Société des Antiquaires de la Morinie. Tome XXIII. 1893-1896. 1 volume broché. St-Omer. Paris 1895.

20. Mémoires Congrès Archéologique de France. IXe session. Séances générales tenues à Abbeville en 1893. 1 volume broché. Paris-Caen 1895.

21. Notes sur la possibilité de la Vulgarisation de l'Histoire locale par Charles Guérin. Société Archéologique Sciences et Arts d'Avranches. 1 brochure. Avranches. 1895.

22. Revue Agricole, Industrielle, Historique et Artistique de Valenciennes. 47e année. T. XLV. Numéros 1 à 12. 1895-1896. 11 brochures.

23. Revue des Travaux Scientifique. Tomes XV. Numéros 1 à 12. 1895. 1896. 11 brochures.

24. Revue de l'Histoire des Religions par Jean Reville (Annales du Musée Guimet.) 16e année. Numéros 2 et 3. Septembre-Octobre-Novembre-Décembre. 2 volumes brochés. Paris 1895.

25. La Picardie Historique et Monumentale. Société des Antiquaires de la Picardie. Description des Eglises St-Germain, St-Leu, St-Remi. Un volume

grand in-4· avec photographies, Amiens-Paris 1895.

26. Album Archéologique (même Société). 11e fascicule. 1 brochure grand in-4· avec planches. Amiens 1896.

Publications Etrangères

---

27. Boletin de la Real Academia de la Historia. Tome XXVIII. Guaderno IV. Mars-April 1896. 2 brochures. Madrid 1896.

28. Mémoirs and Proceedings of The Manchester. Litterary et Philosophical Society. 1895-1896. Manchester 1896. 1 volume broché.

Séance mensuelle du 7 Mai 1896

Présidence de M. F. DURIAU, *Président.*

La séance est ouverte à 8 heures et demie du soir, sous la présidence de de M. le Dr Isambert, vice-président.

Sont présents : MM. Isambert et Vaneste, vice-présidents ; Champion, Daigremont, G. Duriau, Hamoir, Néerman, membres, et Debacker, secrétaire général.

M. Fesquet, professeur de physique au collège Jean-Bart, assiste à la séance.

M. le Président Duriau, médecin légiste en mission près la Cour de Douai et M. Jannin. secrétaire, membre du Jury, se font excuser.

Sur l'invitation du Président, le secrétaire général donne lecture du procès-verbal de la séance du 12 Avril, dont la teneur est adoptée sans observation.

Le Président procède ensuite à l'élection du candidat présenté à la séance précédente. A l'unanimité M. Freed, lieutenant de vaisseau, chef des Pilotes, est nommé membre titulaire résidant.

Une nouvelle candidature est présentée par MM. Fréd. Duriau, Vaneste et G. Duriau. Elle est affichée, conformément au réglement, jusqu'à la prochaine réunion.

M. Isambert donne lecture de la correspondance déposée sur le bureau :

1° La Société historique et archéologique de Tournai, fait part de la mort de son Trésorier, M. Emile Desmazières, membre correspondant de la Société Dunkerquoise, décédé à Tournai le 28 Avril dernier, à l'âge de 71 ans.

Le secrétaire est invité à adresser, au nom de la Société Dunkerquoise, une carte de condoléance au Président de la Société historique et archéologique ;

2° Envoi par le Président de la Société française d'archéologie d'un exemplaire du programme du Congrès archéologique qui tiendra sa 63me session à Morlaix et à Brest, du 3 au 11 juin. Une lettre-circulaire accompagnant le programme, invite la Société Dunkerquoise à prendre part audit Congrès.

Avant de donner la parole à M. Champion pour la communication de son rapport sur le Congrès des Sociétés savantes tenu à la Sorbonne et auquel il a assisté comme délégué, le Président présente à la Société M. Fesquet, professeur de physique au Collège Jean-Bart, qui a bien voulu venir à cette séance pour exposer le résultat de ses observations et de ses expériences sur diverses applications des rayons Roëntgen.

Le Président souhaite la bienvenue à M. Fesquet au nom de la Société Dunkerquoise et le remercie de l'obligeante communication qu'il veut bien lui faire ; puis il l'invite à prendre la parole.

M. Fesquet, après un rapide résumé de la remarquable découverte du docteur Roëntgen, parle de ses propres expériences.

Les radiographies, dit-il, obtenues au moyen des rayons X, étant des ombres fixées sur la plaque photographique seront d'autant plus nettes que l'objet à radiographer sera plus prés de la plaque et que le tube éclairant l'objet sera plus éloigné. Comme la durée de la pose augmente avec l'éloignement du tube de Crookes, M. Fesquet le place à une distance d'environ 20 à 25^{cm} et entoure la plaque de quelques feuilles seulement de papier noir. C'est sur ce papier qu'est posé directement l'objet. C'est par ce mode opératoire que M. Fesquet a obtenu les très belles épreuves qu'il fait passer sous les yeux des auditeurs. Ces épreuves, obtenues le 16 février, présentent un relief remarquable dû à la différence d'épaisseur des pièces métalliques radiographées, ou à la différence de densité des os à leurs extrémités.

Après ces expériences de laboratoire, des essais pratiques ont été tentés à l'hôpital militaire sur l'invitation de M. le docteur Isambert. Les épreuves obtenues, quoique manquant de netteté, à cause de l'épaisseur des membres à étudier, ont fait voir suffisamment les os malades. En terminant, M. Fesquet remercie M. le docteur Isambert de lui avoir donné l'occasion de tenter ces intéressantes expériences et aussi de lui avoir permis d'en parler devant la Société Dunkerquoise.

Cette remarquable communication, très goûtée, a excité au plus haut point l'intérêt de l'auditoire qui applaudit le conférencier et lui adresse de chaleureuses félicitations.

Le Président réitére à M. Fesquet les remerciements de la Société ; puis il fait ressortir que, jusqu'ici, les expérimentateurs n'avaient tenté l'action des rayons X que sur des membres de peu d'épaisseur, et que M. Fesquet reprenant lui-même ces expériences est arrivé à des résultats d'une netteté parfaite que pourraient lui envier ses collègues exerçant cependant dans des milieux plus favorisés au point de vue de l'instrumentation.

Il a fait mieux encore : il est arrivé à reproduire une fracture de jambe avec assez de précision pour que les fragments du péroné, leur direction, leur longueur et le cal qui les couvrait déjà, apparaissent d'une façon très satisfaisante sur une épreuve. Le tibia se dessinait presque nettement à côté de l'os fracturé.

C'est un résultat très beau étant donné l'énorme épaisseur des tissus à traverser au niveau du cou-de-pied ; ce résultat est plein de promesses pour l'avenir, dit M. Isambert.

En terminant, M. le Président propose de nommer M. Fesquet membre honoraire. La proposition est aussitôt votée par acclamation.

A la demande de plusieurs de ses nouveaux collègues, M. Fesquet consent à l'insertion du travail qu'il vient de lire, dans le prochain Bulletin de la Société. M. G. Duriau, estimant que les expériences de M. Fesquet ont obtenu dans l'application de la nouvelle découverte, un résultat qu'il importe de faire connaître et de propager, demande que le compte-rendu en soit plutôt inséré dans le volume des Mémoires qui va entrer en préparation. Plusieurs membres se rangent à l'avis de M. G. Duriau.

M. Isambert déclare s'y ranger aussi ; mais, attendu l'actualité de la question et pour prendre date, il propose l'insertion au Bulletin d'une analyse de la communication et sa publication *in extenso* dans le volume des Mémoires avec reproduction des photographies obtenues.

La proposition est adoptée.

La parole est ensuite donnée à M. Champion pour une communication relative au Congrès des Sociétés savantes tenu à la Sorbonne.

M. Champion, délégué de la Société Dunkerquoise au Congrès, y a donné lecture en la séance du 10 avril de deux chapitres de son ouvrage intitulé l'*Homme et la Guerre*, et il fait de cette séance le compte-rendu suivant ;

« M. Ch. Tranchant, remplaçant M. Aulard, empêché, occupait la présidence, ayant pour assesseur M. de la Grasserie.

» M. Ch. Armand faisait les fonctions de secrétaire

» L'ordre du jour de la section des sciences économiques et politiques indiquait les lectures suivantes :

» Mme Belilon, de la Société des études philosophiques et sociales : *Du droit des femmes*.

» M. Champion Alfred, de la Société Dunkerquoise pour l'encouragement des Sciences, des Lettres et des Arts : *L'homme et la Guerre*.

» M. Dutilh de la Thuque, de la Société Indo-Chinoise de France : *Des causes de notre infériorité commerciale dans nos colonies vis-à-vis de l'étranger.*

» M. Girault agrégé, chargé de cours à la Faculté de Droit de Poitiers : *Intérêt scientifique de l'étude de la législation coloniale.*

» M. Libois, de la Société d'émulation du Jura : *L'instruction primaire dans le Jura pendant la Révolution.*

» M. Meunier Georges, professeur au lycée de Sens : *La politique coloniale et l'Assemblée législative.*

» M. Trolard, professeur à l'Ecole de Médecine et de Pharmacie d'Alger : *Le reboisement de l'Algérie au point de vue hygiénique et économique.*

» M. Vrainard, de la Société de graphologie : *La graphologie des enfants ; des services qu'elle rend dans l'instruction et l'éducation, et de son enseignement dans les écoles normales.*

» Le *Journal Officiel* du 11 avril 1896, en ce qui concerne notre Société, dit page 2047 : « La parole est ensuite « donnée à M. Alfred Champion, de la Société Dunkerquoise, pour l'encouragement des Sciences, des Lettres « et des Arts, sur l'*Homme et la Guerre.*

« L'orateur passe en revue les époques préhistoriques « et le développement des armes ainsi que les instruments usuels à ces époques. Il indique, avec chacune « de ces époques, le développement de la civilisation, « l'accroissement des ressources individuelles en instruments et armes, la domestication des animaux et, « parallèlement, l'augmentation des besoins et moyens « de les satisfaire, l'apparition des luttes et de la guerre.

« Il fait ensuite l'historique de la « Trève de Dieu et « des tentatives d'Arbitrage ».

« M. R. de la Grasserie, assesseur, montre que la « guerre, après s'être faite de pays à pays et de province « à province, est limitée aux querelles de nations à « nations. Cet éloignement des champs de bataille amène « naturellement aux conventions arbitrales, qui pourront « entrer en usage dans un temps assez rapproché.

« La paix armée est aussi ruineuse que la guerre ; une « Commission internationale peut seule donner la paix « et la tranquillité aux peuples ; elle aurait comme « condition nécessaire de fonctionnement la réduction « des armées permanentes et la constitution d'un tribu-« nal fédéral chargé d'assurer l'exécution et le respect « des décisions du tribunal.

« M. le Président fait remarquer qu'il se fait de grands « et généreux efforts dans le sens indiqué par M. de la « Grasserie, mais c'est chose laborieuse et, si l'on réussit, « ce sera l'œuvre du temps. »

« Vous voyez par ce passage de l'*Officiel*, Messieurs, que des commentaires sont émis par des personnes qualifiées pour le faire ; vous savez quelle est l'importance d'un pareil Congrès, et je vous confie, en toute sincérité, que la crainte de ne pas être à la hauteur de la tâche que vous m'aviez confiée me faisait redire, mentalement, la célèbre phrase de Turenne avant le combat : « Tremble, « carcasse, tu tremblerais bien plus si tu savais où je te « conduirai tout à l'heure ! »

» Malgré le tumulte de mes idées, je ne pouvais m'empêcher de penser combien l'exercice de la parole est une gymnastique nécessaire ; et je gagnai la tribune réservée aux orateurs, à la droite du Président, avec cette impression intime si bien définie par un de nos collègues, « le Trac », puisqu'il faut l'appeler par son nom.

» L'amphithéâtre n'est pas un lieu propre à raffermir les courages ébranlés.

» Après l'audition de Mme Camille Bélilon qui venait d'exposer, avec talent, des vues très larges sur le « droit des femmes » — peut-être quelques développements sur la genèse de la Guerre allaient-ils sembler fastidieux ?

» Enfin, pensant que j'étais votre représentant, Messieurs, et que toute faiblesse de ma part serait une sorte de félonie, je commençai ma lecture, m'appliquant à articuler avec soin ; et, grâce à la bienveillante attention d'un assez nombreux auditoire, je pus exposer librement mon sujet.

» Convaincu de plaider la cause de l'Humanité, désireux de ne pas encourir vos reproches, la sincérité me tint lieu de talent ; et, tant il est vrai que la vérité, pour mal exposée qu'elle soit, est toujours la grande Force, les appels de l'auteur à la Fraternité humaine, trouvèrent un écho dans le cœur des mères présentes.

» La lecture finissant par ce vœu : « Bientôt dans le « berceau de l'enfant qui vient de naître, la mère n'aura « plus l'horrible vision du cadavre ensanglanté du sol- « dat! »…. l'émotion du plus grand nombre des auditrices fut, pour le lecteur, un précieux encouragement.

» Veuillez, Messieurs, m'excuser d'abuser encore de votre complaisance, pourtant, je ne puis passer sous silence les félicitations adressées à notre Compagnie par une personnalité bien française — M. Eschnaüer, vice-président de la Société Française pour l'arbitrage entre nations, pasteur de Strasbourg en 1870, dont la conduite fut telle que la Ville lui décerna le titre de Citoyen de Strasbourg.

» Je termine, Messieurs, en vous remerciant d'avoir mis autant de patience à écouter ce rapport, ayant la conviction que vous êtes avec moi quand je dis que de tels Congrès, fruits des efforts de nos Sociétés, presque inconnues du grand public, donnent l'impression du travail primordial, du germe évoluant sûrement dans quelque endroit ignoré du sol ; jusqu'au moment où les yeux, étonnés de la force de l'arbre, reconnaissent enfin que ces puissants rameaux se sont développés pour le plus grand bien de l'Humanité ! »

A la suite de son rapport, M. Champion communique une lettre qu'il a reçue du Secrétariat du Ministère de l'Instruction publique, lui annonçant que l'Imprimerie nationale avait été invitée à lui fournir gratuitement un tirage à part de 25 exemplaires de son Mémoire.

Le Président remercie M. Champion de sa communication et le félicite du succès qu'il a obtenu au Congrès. Le rapport de M. Champion sera inséré dans le prochain Bulletin.

M. G. Duriau demande la parole. Il rappelle que des Commissions ont été nommées pour provoquer de la part des sociétaires, des lectures sur des sujets divers aux séances mensuelles. Il demande quelle action ont exercée ces Commissions et quel en a été le résultat.

M. G. Duriau insiste sur la nécessité d'alimenter le Bulletin et de créer entre les sociétaires un courant d'émulation dont la Société tirerait grand profit.

Il exprime le désir que dans chaque Commission les membres fassent à tour de rôle, soit une étude, soit une communication quelconque sur un sujet d'actualité ; ou encore la critique littéraire d'un ouvrage nouveau.

Sur l'invitation du Président, M. Duriau reprend sa motion pour la développer, l'expliquer et la représenter à la prochaine séance.

L'ordre du jour étant épuisé, le Président déclare la séance levée.

Séance mensuelle du 7 Mai 1896

OUVRAGES REÇUS

---

1 Annuaire de l'Université. Académie de Toulouse 1895-96. 1 brochure. Toulouse 1895.

2. Bulletin mensuel de Livres d'Art, anciens et modernes de la Librairie Georges Rapilly. N· 17. 1er Mai 1896. 1 brochure.

3. Bulletin Historique et Philologique du Comité des Travaux historiques et scientifiques. Année 1895. Numéros 3 et 4. Paris 1896. 1 brochure.

4. Bulletin de l'Académie Archéologique de Belgique. 4e série des Annales. 2e Partie. XXVI. 1 brochure. Anvers 1896.

5. Bulletin de l'Institut Archéologique Liégeois. Tome XXIV. 3e livraison, 1 volume broché. Liège 1895.

6. Bulletin trimestriel du Collège universitaire de Dunkerque. L'Echo du Collège Jean Bart. N. 1. Janvier-Avril 1896. 1 brochure.

7. Bulletin de la Société d'Agriculture, Sciences et Arts du département de la Haute-Savoie. 3e Série. N. 26. Vesoul 1895. 1 volume broché.

8. Bulletins et Mémoires de la Société Archéologique et Historique de la Charente. Année 1895. 6e Série. Tome V. Un Volume grand in-8° broché de 504 pages. Angoulême 1896.

9. Bulletin de la Société de Géographie de Lille. 17e Année. Tome 25e. Numéros 2 et 3. Février 1896 et Mars même Année. 2 brochures.

10. Journal de la Société d'Agriculture du département des Deux-Sèvres. «*Maitre Jacques.*» Numéros 1 et 3. Sixième série. Janvier et Mars 1896. 2 brochures.

11. Journal de la Société Régionale d'Horticulture du Nord de la France. Numéros 2, 3 et 4. Février, Mars et Avril 1896. 16e Année. 3 brochures.

12. Journal des Savants. Mars et Avril 1896. Paris, Imprimerie Nationale. 1896. 2 brochures in-4°.

13. Travaux de l'Académie Nationale de Reims. 95e volume. Année 1893-94. Tome 1er. 1 volume broché. Reims 1895.

14. Bulletin de l'Institut Archéologique Liégeois. Statuts Constitutifs de l'Institut. 1 brochure.

15. Bibliographie des Travaux Historiques et Archéologiques des Sociétés Savantes de France. Tome III. Première livraison. 1 volume broché in-4°. Paris, Imprimerie Nationale. 1896.

16. Université de France. Académie de Toulouse. Année scolaire 1894-95. Rapport annuel du Conseil Général des facultés, (17 janvier 1895). Comptes-rendus des Travaux des Facultés. 1 volume broché, Toulouse 1895.

Publications Etrangères

17. Boletin de Agricultura-Minéria é Industrias. Anô V. Nûm 2. Agosto de 1895. Secretaria de Fomento. Colonizacion e Industria de la République Mexicana. 1 volume broché. Mexico 1895.

18. Mémoirs and Proceedings of the Manchester Litterary and Philosophical Society. 1895-96. 1 volume broché. Manchester.

Séance mensuelle du 7 Juin 1896

Présidence de M. F. DURIAU, *Président.*

Présents : MM. Debacker, secrétaire général ; Lefebvre, trésorier ; Quiquet, archiviste ; Coolen, Champion, Daigremont, Delaage de Bellefaye, G. Duriau, Ch. Duriau, Gourliau, Guillain, Lefebvre Jules, Lecocq, Vaillant, Vézien et Jannin, secrétaire.

M. E. Debacker, secrétaire général, communique le procès-verbal de la dernière séance qui est adopté après lecture.

Le Président procède ensuite à l'ouverture de la correspondance du bureau. Elle comprend :

1° Une lettre de M. Caspers, membre honoraire, domicilié à Nogent-sur-Seine qui, pour se conformer à la circulaire qu'il a reçue, envoie sa photographie à la Commission chargée de former l'album contenant les portraits des membres de la Société Dunkerquoise ;

2° Plusieurs lettres, relatives au concours de Lettres et d'Histoire, de Poésie et d'Architecture. Toutes sont ouvertes et contiennent des enveloppes cachetées où sont inscrites les légendes ou devises se rapportant aux œuvres soumises aux concours ;

3° Une lettre de M. Charles Duhot, domicilié à Douai, faisant hommage à la Société Dunkerquoise, d'un exemplaire d'une élégie composée par lui sur des paroles de Marceline Desbordes-Valmore, muse douaisienne dont on va prochainement inaugurer la statue.

Le Président prie le secrétaire général de bien vouloir remercier M. Duhot de sa gracieuse et délicate attention et il est décidé que l'œuvre sera soumise à l'appréciation de M. Ad. Néerman, membre résidant ;

4° Le Comité formé pour le Congrès historique et archéologique de Gand, dans une lettre-circulaire prie la Société Dunkerquoise de bien vouloir faire connaître dans le plus bref délai possible, les noms des délégués proposés pour assister à cette solennité, dans le cas où la Société voudrait s'y faire représenter ;

5e Une circulaire du ministère de l'Instruction publique et des Beaux-Arts, informant la Société Dunkerquoise que par arrêté du ministre, en date du 19 mai, la 21e session des Sociétés des Beaux-Arts des départements s'ouvrira en 1897, à l'Ecole des Beaux-Arts, en même temps que la réunion des Sociétés savantes, le mardi 20 avril prochain.

Les Mémoires et travaux à envoyer à cette session devront être adressés à la Direction des Beaux-Arts, avant le 1er février 1897, terme de rigueur. Le Comité des Sociétés de Beaux-Arts désignera ceux qui seront lus en séance publique.

La circulaire rappelle aux auteurs qu'il leur sera accordé vingt minutes au plus pour la communication de leurs travaux ;

6e Lettre du maire de Dunkerque informant le Président de la Société Dunkerquoise que M. le Préfet désire avoir le plus tôt possible le compte-rendu des dépenses et la demande de subvention, ces documents devant être soumis au Conseil général dans sa session du mois d'août ;

7° M. Vallerey, professeur d'hydrographie à Marseille, remercie la Société Dunkerquoise de la marque d'estime qu'elle a bien voulu lui donner en le nommant membre honoraire. Il prie en même temps le Président de bien vouloir adresser à tous ses collègues ses plus vifs remerciements pour ce témoignage officiel de sympathie.

Tirés à part — En faisant connaître aux membres présents la prochaine publication du 28me volume des Mémoires de la Société, M. le Président Duriau propose de limiter le nombre des tirés à part. Après quelques idées échangées sur cette question, il est décidé que : vingt-cinq exemplaires seraient donnés gratuitement à l'auteur de tout travail ne dépassant pas 16 pages. Dans le cas où l'ouvrage aurait plus de 16 pages, le surplus serait aux frais de l'auteur. De toute façon, le brochage et la couverture resteraient à la charge de la Société ; les tirés à part porteront la mention : « Extrait des Mémoires ou du Bulletin de la Société Dunkerquoise. »

L'ordre du jour appelle l'élection de M. Edouard D'Hooghe, docteur en droit, avocat à la Cour d'appel de Douai, né à Dunkerque le 27 juillet 1873.

M. E. D'Hooghe est élu à l'unanimité membre titulaire résidant.

Trois nouvelles candidatures sont présentées. Conformément aux statuts, elles resteront affichées au local ordinaire des séances jusqu'à la prochaine réunion.

Concours d'architecture. — Piédestal de la statue de Jean Bart. — Plusieurs projets de reconstruction sont soumis à la Société Dunkerquoise. Les membres présénts délèguent MM. Broutta et Mascart pour examiner ces divers projets. La Société des Architectes du Nord sera priée de désigner deux de ses membres pour compléter le jury d'examen. M. Lecoq veut bien se charger de faire cette démarche.

Concours de Poésie. — Une Commission de cinq membres est nommée pour examiner les divers pièces de poésie envoyées au Concours. Cette Commission se compose de MM. Jules Lefebvre, principal du collège, Champion, Gourliau, Sigerson et A. Jannin.

Concours d'Histoire. — Plusieurs monographies de communes (Spycker et Mardyck) sont soumises à la

Commission d'Histoire et Lettres. MM. G. Duriau, Emile Bouchet, Vaillant, Jannin et Quiquet, sont chargés de les examiner.

Travaux en dehors des Concours ordinaires. — Un ouvrage sur l'agriculture ayant pour titre *La Ferme Flamande* est présenté à la Société. MM. Coolen et Guillain sont priés de l'examiner et de donner leur avis sur la valeur et les qualités de ce travail.

M. A. Champion lit le deuxième chapitre de son travail *Patriotisme et Humanité*, comprenant trois chapitres. Le premier est une rapide étude du citoyen de l'Antiquité. Le fond du caractère Romain est l'égoïsme romain et la vie du romain ne peut être notre code moderne.

Le second chapitre traite des lourdes charges pesant sur l'Europe. Le service militaire obligatoire, juste en soi, n'en constitue pas moins une entrave individuelle. Cet état de chose est une cause d'affaiblissement des patries ; le paysan arraché à la terre perd l'habitude du travail des champs.

Le budget de la guerre est donc un des plus puissants facteurs de la dépopulation en France, car il dévore le fruit du travail national.

Dans le troisième chapitre, l'auteur demandant la réduction au minimum des effectifs et des temps militaires, estime qu'après entente européenne actuellement possible, la diminution des armées ferait bénéficier d'autant la misère publique. L'avenir est à la science qui est la vérité ; éclairer les cervaux ; élargir les intelligences.

Si l'on objecte que la suppression d'industries meurtrières mettra un grand nombre d'ouvriers dans l'impossibilité d'exercer leur métier, M. A. Champion oppose la colonisation dans nos possessions lointaines dont on ne tire aucun parti.

Tout en réprouvant l'intervention de l'Etat dans les affaires particulières, il démontre que l'Etat, représentation théorique de tous, doit protection à tous.

Comme il faut un commencement pour arriver « au mieux », fondez, dit-il, un « Office de colonisation », sous la surveillance de l'Etat ; il y a là un emploi intelligent de capitaux actuellement improductifs. La patrie n'est pas supprimée, mais élargie et de conception plus humaine.

Il n'y a là aucune tendance doctrinaire : « Vous avez le budget de la guerre » ; il vous manque « le budget de la faim ».

Le mouvement de transformation est proche ; il s'accomplit par conviction et non par violence ; écoutez les clameurs et vous n'entendrez pas de rugissements.

Diviser pour régner est la formule du despotisme. — « Unir pour aimer », c'est le Credo de l'humanité.

De vifs applaudissements accueillent les dernières phrases du travail de M. Champion. M. le Président Duriau remercie l'auteur de son intéressante lecture et l'informe, au nom des membres présents, que son ouvrage fera partie du prochain volume des Mémoires de la Société,

L'ordre du jour étant épuisé, la séance est levée à midi 25.

Séance mensuelle du 7 Juin 1896

OUVRAGES REÇUS

1. Bulletin de la Société Polymatique du Morbihan 1er et 2e semestre. Année 1893. 2 volumes brochés. Vannes 1893.

2. Bulletin de la même Société. Année 1894. 1 volume broché. Vannes 1895.

3. Bulletin de la Société Philomatique de Paris. 8e série. Tome VII. 1894-95. Un volume broché. Paris 1895.

4. Bulletin Archéologique et historique de la Société Archéologique de Tarn et Garonne. Tome XXIII. Année 1895, 1er, 2e, 3e et 4e trimestre. 4 volumes brochés. Montauban 1895.

5. Bulletin de la Société des Amis des Sciences et Arts de Rochechouart. Tome V. N° 6. Une brochure. Rochechouart. Janvier 1896.

6. Bulletin de la Société d'Etude des Sciences naturelles de Nîmes. XXIVe année. Janvier-Mars 1896. N° 1. Une brochure avec planche. Nîmes 1895. Paru le 30 avril 1896.

7. Bulletin de la Société Industrielle du Nord de la France. 23e année. Numéros 92 et 93, 3e et 4e trimestre 1895. 2 volumes brochés. Lille 1895.

8. Bulletin de la Société Nationale des Antiquaires de France, 1894. Un volume in-8· broché, Paris 1894.

9. Bulletin et Mémoires de la même Société. 6e Série, Tome IVe. Mémoires 1893. Un volume in-8. broché. Paris 1894.

10. Table alphabétique des publications Celtique et de la Société des Antiquaires de France (1807 à 1889). Un volume in-8· de 675 p. broché. Paris 1894.

11. L'Architecture et la Construction dans le Nord. Publication mensuelle de la Société des Architectes du Nord de la France. Numéros 4 et 12. Avril et Décembre 1895. 2 brochures avec photogravures.

12. Revue des Travaux Scientifiques. Tome XV. N· 11. Un volume broché. Paris. Imprimerie Nationale. 1895.

13. Société Industrielle du Nord de la France. 23e année N· 93 bis. Supplément au 4e Trimestre de 1894. Séance solennelle du 19 janvier 1896. Distribution des récompenses. Une brochure. Lille 1896.

14. Académie de Sainte-Croix. Etablissement du monastère du Calvaire d'Orléans. 1638-1640 par M. Emile Bouchet, membre de la Société Dunkerquoise. 1 brochure. Orléans 1896.

15. Bulletin de la Société Royale de Géographie d'Anvers. Tome XX. 4e fascicule. Une brochure. Anvers 1896.

Publications Étrangères

16. Boletin mensual de l'Observatorio Météorologico Central de Mexico. Mes de Enero 1896. Une brochure in-4. Mexico 1896.

17. Boletin de la Real Academia de la Historia. Tomo XXVIII. Guaderno V. Mayo 1896. 1 brochure. Madrid 1896.

18. Mémoirs and Proceedings of the Manchester. Litterary et Philosophical Sociéty 1895-1896. Une brochure. Manchester.

A TRAVERS DUNKERQUE

Une Soirée au Seamen's Institute

Lorsqu'on guide sa promenade vers les nouveaux docks, on voit, en traversant le vieux quartier de la Citadelle, toute une série de bâtiments à l'allure coquette et fraiche, recouverts d'écussons de différentes nations. C'est un petit coin de terre étrangère en plein sol français.

Si donc vous le voulez bien, nous entrerons dans le plus grand de tous, le *Seamen's Institute*. Je ne m'étendrai nullement ici sur le confort que peuvent trouver dans cette maison des marins, les capitaines, les lieutenants ou les marins anglais. Ce que vous voudrez bien me permettre de passer avec vous, c'est une soirée dans ce vaste établissement. Je choisirai même la plus importante de toutes, le Christmas day.

Poussons donc la porte. Nous voici, après avoir traversé un vestibule confortable, dans une vaste salle rectangulaire très haute, très spacieuse et fort bien décorée de drapeaux français et anglais. Le long des murs sont accrochées des devises extraites de la Bible et de grandes images coloriées spéciales aux journaux d'Outre-Manche, représentant des scènes réconfortantes : l'intérieur du marin, le retour du marin, etc.

Au moment où nous entrons, toute la colonie anglaise se trouve là réunie, ayant à sa tête le consul d'Angleterre, M. Taylor, et l'infatigable organisateur de cette réunion, M. Seligmann. D'autres sont encore là en grand nombre, ayant amené avec eux, par une délicate attention, leurs femmes et leurs enfants.

Assis sur des bancs, sérieux et corrects, se trouvent tous les matelots des navires anglais actuellement dans notre port. Pas un ne manque à l'appel. A cela rien d'étonnant. On va tâcher de leur faire revivre, au moins pendant quelques heures, les bons moments qu'ils pourraient passer dans leur *home* au milieu des leurs, pendant cette grande fête bien anglaise, la Christmas, et cela en plein sol étranger, à des centaines de lieues de leur pays.

A notre entrée, les enfants des meilleures familles leur distribuent des gâteaux du pays et cet odorant *the boisson* favorite de tout bon anglais.

L'on cause discrètement avec tenue, avec réserve. Tous ces loups de mer ont pris pour la circonstance leur air de gentlemen, pas de cris, pas de tapage. Cela sent la bonne réunion de famille, un souffle de confortabilité bourgeoise circule dans l'assemblée mêlé d'une attente de quelque événement prévu.... mais toujours agréable.

Un grand silence se fait et le Pasteur annonce qu'on va procéder à une tombola. Le rideau rouge qui cachait l'estrade du fond s'écarte et laisse apercevoir aux yeux émerveillés des spectateurs un superbe arbre de Noël. Un vaste sapin montant jusqu'au faîte se dresse au milieu de la scène, il resplendit de lumières, voilà pour le centre. Comme fond du décor, un immense portrait de la Reine et sur les côtés un piano et des tables chargées d'objets utiles et indispensables aux hommes de la mer. Le tirage de la tombola se fait avec bonhomie, les objets gagnés sont passés aux favorisés de la fortune par les miss et les jeunes enfants des dirigeants de la colonie avec un mot gracieux pour chacun des marins.

Je ne sais si vos impressions ressemblent aux miennes, mais ce procédé si familial vous réchauffe le cœur et l'on sent qu'il règne entre tous ces exilés momentanément de la commune patrie, une entente cordiale, un besoin de se rendre agréables mutuellement les uns aux autres. On se donne l'illusion de la patrie retrouvée pour quelques heures, mais d'une patrie idéale, exempte du mauvais côté des passions d'ici-bas, d'une patrie où l'on n'aspire qu'à une seule chose, voir son prochain toujours heureux et cela grâce à soi. Idée consolante et qui fait les nations fortes.

Mais tous les matelots ont eu leur cadeau, il faut maintenant continuer la fête et entonner les gais ou tristes Noëls qui rappelleront encore plus aux voyageurs la soirée où chez eux, près d'un grand foyer, entourés de leur famille, l'on chante à tour de rôle les refrains de la mère-patrie. Le chant n'a-t-il pas été toujours et ne restera-t-il pas éternellement, soit par ses modulations tristes, soit par ses refrains gais, l'expression la plus saisissante et la plus vraie de toute l'histoire, un pays

C'est alors que successivement montent sur la scène tous les dilettante amateurs de la Colonie, femmes ou hommes qui rivaliseront soit de talent, soit de bonne volonté pour chanter tous les airs nationaux ou même, comme notre collègu Sigerson, faire revivre avec une voix remarquable, les grandes pages de l'histoire d'Angleterre. Il faut voir comme ces grands enfants s'amusent et s'intéressent à tout ce concert. Leur joie éclate soit en d'unanimes applaudissements, soit en refrains repris en chœur.

Cette partie de la fête, comme toute chose ici-bas se termine. Mais avant de se quitter et de saluer la mère-patrie par le chant national, *God Save the Queen*, le Consul, dans un speech humoristique fort aimablement tourné, remercie tous ses hôtes et leur fait pousser les *hip hip hourrah* nationaux.

Je suis convaincu que comme moi vous avez dû trouver cette fête bien comprise, bien ordonnancée et ayant un but fort utile auquel vous me permettrez de m'arrêter un instant. J'ai pris à dessein comme type de ces réunions, une solennité. Mais si vos occupations vous le permettent, tous les mercredis une soirée a lieu à laquelle vous pouvez vous rendre, vous ne perdrez pas votre temps et vous pourrez compléter cette esquisse de mœurs. Car ce soir-là la réunion a un cachet tout particulier. Ce sont les marins qui sont presque seuls les acteurs et les exécutants. Aussi ces soirées ont-elles une saveur toute spéciale. Mais que ce soit fête ou rendez-vous ordinaire, toujours les organisateurs, dans des conversations familières, exhortent le marin qui passe et qui se trouve exposé à des tentations malsaines de toute espèce, à ne pas s'écarter de la voie droite par dignité et par amour des siens qu'il a laissés là-bas au pays. Ils le dissuadent de se livrer à la boisson, le pire des fléaux. Je vous vois d'ici sourire, vous avez peut-être tort si vous voulez bien vous rappeler combien sont nombreuses et suivies en Angleterre les Sociétés de tempérance.

Cette promenade dans une partie de Dunkerque que vous connaissez peut-être incomplètement a, à mon avis, un enseignement profond. Tous les jours nous voyons nos compatriotes revenir de l'étranger, désolés, se plaignant de ne pouvoir trouver en pays lointain, un lieu de réunion où ils puissent retrouver leurs nationaux et causer avec eux de la Patrie. Lorsque par suite de nécessités impérieuses, on se trouve loin de France, n'est-il pas navrant de ne pouvoir parler des siens avec des Français ? Je sais bien que les heureux de la fortune trouveront toujours bon accueil chez leurs compatriotes établis à l'étranger. Mais en est-il de même pour nos marins ? Que fait-on pour eux ? Rien. On les laisse exploiter par les rôdeurs de docks et lorsqu'ils ont quelques jours à passer à terre, ils ne voient d'autres distractions pour charmer leurs loisirs que le mauvais alcool des endroits mal famés et la débauche qui les guette Il y aurait donc quelque chose à faire pour les sauver, en imitant en cela ce que font nos voisins de l'autre côté du canal pour leurs nationaux.

Et tandis que je faisais ces réflexions en quittant le

Seamen's Institute, je me trouvai en face d'un établissement analogue, la Maison du Marin, fondée tout récemment à Dunkerque et installée quai Freycinet. On ne peut qu'applaudir aux efforts de ceux qui ont organisé cet établissement philanthropique, et il faut espérer le voir prospérer, car c'est, je crois, le seul asile qui existe en ce genre en France pour les marins français.

Mais, à mon avis, ce n'est pas dans nos ports seulement que doit s'exercer surtout la sollicitude pour les navigateurs. Ils y trouveront aisément des asiles ou des lieux de réunion qu'ils affectionneront toujours de préférence à toute institution officielle, parce qu'il faut le reconnaître, l'indépendance et l'esprit d'opposition sont des attributs des français en France. C'est à l'étranger qu'il convient de porter tous les efforts et de même que nous voyons des Chambres de Commerce françaises installées dans les principales villes de l'étranger, nous devons constituer pour la marine dans les ports étrangers des Instituts qui leur représenteront la terre de France, où ils trouveront aide et protection, comme l'ont fort bien compris nos voisins d'Outre-Manche. Aussi serais-je fort heureux si cette excursion au Seamen's Institute de Dunkerque pouvait être l'occasion d'études d'organisations semblables dans les ports étrangers.

GUSTAVE DURIAU

Dunkerque, Décembre 1895.

BULLETIN

DE LA

SOCIÉTÉ DUNKERQUOISE

BULLETIN

DE LA

SOCIÉTÉ DUNKERQUOISE

POUR

l'Encouragement des Sciences, des Lettres et des Arts

(Reconnue d'utilité publique par décret du 13 Février 1883)

1896

2e Fascicule

DUNKERQUE

IMPRIMERIE C. CODDÉE, 19, RUE DE BEAUMONT.

—

1896

Le XXVIIIe Volume des *Mémoires* de la *Société Dunkerquoise* a paru.

Le XXIXe Volume est sous presse.

Séance extraordinaire du 14 Juin 1896

La séance est ouverte à onze heures, sous la présidence de M. Duriau père, Président.

Présents : MM. Debacker, secrétaire général ; Quiquet, archiviste ; Champion, Daigremont. Gustave Duriau, Ch. Duriau, Gourliau, James, Henri Lefebvre, Charles Lefebvre et J. Morel.

M. A. Jannin, secrétaire, communique le procès-verbal de la dernière séance, qui est adopté.

Le secrétaire général donne lecture de la correspondance qui comprend :

1° Une lettre de M. Mascart, membre titulaire résidant, informant la Société qu'il accepte de fai e partie de la Commission du concours d'architecture ouvert cette année par la Société Dunkerquoise.

2° Une lettre de la Société des Architectes du Nord annonçant à la Société Dunkerquoise qu'elle a désigné M. Batteur, architecte à Lille, pour faire partie de la Commission chargée du projet de reconstruction du piédestal de la statue de Jean Bart.

Le Président expose qu'il a réuni la Société en séance extraordinaire dans le but d'organiser le concours de lecture et de déclamation dont il importe de publier le programme à brève échéance. La première question qu'il se permet de poser est de savoir si la Société continuera dans la voie où elle s'est engagée et si elle est décidée à avoir cette année un concours de lecture et de déclamation. M. Quiquet estime que ces concours ne produisent pas suffisamment les résultats qu'on s'était proposés et il est d'avis de s'en abstenir provisoirement. Cette opinion est vivement combattue par plusieurs membres, qui constatent, au contraire, que les résultats s'améliorent chaque année et qui sont d'avis de maintenir le concours, sauf à en modifier le programme si l'on croit pouvoir obtenir de plus grandes améliorations. Ils ajoutent que si l'on suspendait ces concours pendant une année, il serait très difficile de les rétablir ensuite.

Le Président résumant la discussion met la question aux voix : la Société décide qu'elle ouvrira un concours de lecture et de déclamation en 1896.

En second lieu elle nomme la Commission qui constituera le jury du concours et qui est composée comme suit :

MM. Gourliau, Ch. Duriau, Champion, Sigerson et Jannin, membres titulaires ;

Et de MM. Terquem, James, Quiquet, Henri Lefebvre et Mine, membres suppléants.

L'ordre du jour appelle l'élection de trois membres titulaires. MM. Henri Terquem, Docteur en droit, avocat, né à Dunkerque ; Jean Trystram fils, industriel, né à Petite-Synthe ; Louis Trystram fils, industriel, né à Petite-Synthe, sont élus à l'unanimité, membres titulaires résidants.

La séance est levée à midi.

Le Secrétaire,

A. JANNIN.

Séance du 5 Juillet 1896

La séance est ouverte à 11 heures 1/4 dans une salle de la bibliothèque communale, sous la présidence de M. Isambert, vice-président.

Présents : MM. Debacker, secrétaire général ; Quiquet, archiviste ; E. Bouchet, Champion, Coolen, Collet, Daigremont, Delaage de Belfaye, Dodanthun, G. Duriau, d'Hooghe, Gourliau, Henri Lefebvre, J. Morel, Néerman, Vaillant, Terquem père et Jannin, secrétaire.

Le procès-verbal de la dernière séance est lu et adopté.

Le Président procède à l'ouverture de la correspondance du bureau qui comprend :

1° Une lettre de M. Broutta, s'excusant de ne pouvoir faire partie de la Commission d'architecture.

Il est décidé que M. Calot, sculpteur, sera invité à remplacer M. Broutta ;

2° Une circulaire imprimée du Ministère de l'Instruction publique, communiquant à la Société Dunkerquoise le programme du 35e congrès des sociétés savantes de Paris et des départements. La séance d'ouverture est fixée au mardi 20 avril 1897 et aura lieu à la Sorbonne ;

3° Une lettre de M. Lion, adressant à la Société un exemplaire de la 5e partie des notes, plans et documents faisant suite à l'histoire d'Hesduifort.

M. le Président prie ensuite M. Gourliau, membre de la Commission de lecture et de déclamation, de bien vouloir réunir les membres de cette Commission le jeudi 16 Juillet prochain, pour faire un choix de morceaux qui devront être lus au concours.

MM. Debacker, Daigremont et Quiquet présentent un candidat au titre de membre titulaire résidant. La proposition est affichée au local de la Société jusqu'à la prochaine réunion.

M. D'Hooghe propose de modifier les concours de poësie et d'encourager les candidats qui soumettraient à la Société des poëmes où la marche harmonieuse du vers présenterait une forme nouvelle. M. D'Hooghe est invité à présenter son projet par écrit à la prochaine séance pour qu'il soit examiné par la Commission des Lettres.

M. A. Néerman donne communication de son rapport sur la mélodie composée par M. Duhot, de

Douai, sur une élégie de Marceline Desbordes Valmore, intitulée : « *N'écris pas.* »

Dans son intéressante lecture, M. A. Néerman, tout en rendant hommage au réel talent du musicien, s'attache surtout à faire ressortir la beauté du vers que M. Duhot a su rendre plus expressif encore par son heureuse interprétation musicale. Toutes les délicatesses d'âme de la muse Douaisienne semblent se manifester discrètement dans cette poësie où la passion vague et mélodieuse de l'amour est si bien exprimée.

Le compte-rendu de M. A. Néerman qui sera inséré dans le prochain bulletin, contient des citations et des renseignements précieux non seulement sur l'élégie faisant l'objet de sa lecture, mais encore sur la vie entière de la grande artiste à qui la ville de Douai vient d'élever une statue.

La parole est ensuite donnée à M. E. Bouchet qui communique sa notice sur le port de Dunkerque.

Désireux de provoquer les critiques et observations qu'un travail de ce genre est susceptible de soulever de la part de ses collègues, M. E. Bouchet, soumet au jugement de la compagnie les premières pages de sa notice sur le port de Dunkerque, qu'il se propose de publier prochainement.

Après avoir sommairement montré comment l'arsenal militaire Dunkerquois du XVIIe siècle s'est transformé au XIXe, en un grand entrepôt commercial, l'auteur esquisse en quelques traits l'aspect de Dunkerque et cherche à définir les caractères principaux de ses habitants.

Il montre ensuite comment le sol même sur lequel s'élève Dunkerque a été de proche en proche arraché au domaine de la mer. L'histoire du dessèchement des Moëres résumé en quelques pages fournit à M. Bouchet un exemple de la persévérance des habitants et du succès de leurs efforts.

L'auteur expose ensuite comment s'est constituée la chaîne des dunes qui bordent le littoral ; il montre la marche envahissante des sables et explique, très clairement, comment après l'avoir arrêtée on est parvenu à mettre en culture ces terrains stériles. Ailleurs au lieu d'arrêter les dunes on a empiété sur le sol baigné par les flots marins comme à Mardyck. M. E. Bouchet résume rapidement comment on a procédé là pour décroître l'entretien du sol cultivable. L'auteur termine son intéressante lecture par un exposé de l'histoire si curieuse du village de Fort Mardyck.

Des applaudissements accueillent les dernières phrases de ce judicieux travail et le Président lève la séance à midi et demi.

Séance du 5 Juillet 1896

OUVRAGES REÇUS

1. Bulletin mensuel de Livres d'Arts anciens et modernes.— 1er Juillet 1896. — Une brochure.

2. Bulletin de l'Union Géographique du Nord de la France. — Tome XVII. — 1er trimestre 1896. — Une brochure.

3. Bulletin historique de la Société des Antiquaires de la Morinie. — 45e année. — 177e livraison. — Année 1896. — 1er fascicule. — Une brochure. — St-Omer 1896.

4. Bulletin de la Société des Sciences historiques et naturelles de l'Yonne. — Année 1895. — 49e volume. — 18e de la 3e Série. — Auxerre 1896. — Un volume broché.

5. Bulletin de la Société de Géographie de Lille. — 17e année. — Tome 25e. Nos 4 et 5. — Avril et Mai 1896. — 2 brochures.

6. Bulletin de Géographie historique et descriptive, du Comité des Travaux historiques et scientifiques du Ministère de l'Instruction publique. — Année 1895. No 2. — Un volume broché. — Paris Imprimerie Nationale 1896.

7. Journal de la Société d'Agriculture des Deux-Sèvres. — 6e série. Nos 4 et 5. — Avril et Mai 1896. — 2 brochures.

8. Journal de la Société Régionale d'Horticulture du Nord de la France. — 16e année. No 6. — Juin 1896. — Une brochure. — Lille Imprimerie Danel.

9. Mémoires de la Société d'Anthropologie de Paris. — Tomes 1 et 2. — 3e série. 1er et 2e fascicules. — 2 brochures. — Paris 1895 et 1896.

10. Notes, plans et documents faisant suite à l'histoire d'Hesduifort par Jules Lion, 5e partie. — Amiens 1896. — 1 volume broché. — Hommage de l'auteur.

Publications Etrangères

11. Levensberichten der Afgestorven Medeleden Van de Maatschapij der Nederlandsche Letterkunde. — 1894-1895. — Leiden. 1895. — Un volume broché et cartonné.

12. Handelingen en Mededeelingen te Leiden Van de Maatschappij der Nederlandsche Letterkunde Te Leiden. — 1894-1895. — Leiden. 1895. — Une brochure.

COMPTE-RENDU

d'une œuvre de M. Ch. Duhot, compositeur de musique à Douai, lu en Assemblée générale le 5 Juillet 1896, par M. Ad. Néerman, membre titulaire résidant.

Dans les premiers jours de Juin, la lettre suivante était adressée à M. le Dr Duriau, notre Président :

« Douai, le 4 Juin 1896.

» Monsieur le Président,

» Je vous prie de vouloir bien faire agréer à la » Société Dunkerquoise l'hommage d'un exemplaire » d'une élégie que j'ai composée sur des paroles de » Marceline Desbordes-Valmore, muse Douaisienne » dont on va prochainement ériger la statue sur une » des places de sa ville natale.

» Cette élégie, qui vient d'être éditée, a été inter- » prétée il y a peu de temps dans une assemblée » générale de la Société d'Agriculture, Sciences et » Arts de Douai, dont je suis membre résidant, et » ensuite avec orchestre dans un concert donné par » la Société Philharmonique que je dirige.

» Je me considérerais comme très honoré si l'un » de vos membres résidants voulait bien prendre » connaissance de cette œuvre et en donner son » appréciation.

» Dans cet espoir, je vous prie d'agréer, Monsieur » le Président, l'expression de mes sentiments res- » pectueux et dévoués.

» Ch. DUHOT,
Membre honoraire
de la Société Dunkerquoise. »

Selon le désir si bien exprimé par M. Duhot, je fus désigné pour apprécier l'œuvre qu'il venait d'adresser à notre compagnie et en écrire le compte-rendu.

Rien ne pouvait m'être plus agréable, ayant été déjà le rapporteur d'un concours de composition musicale où M. Duhot remportait une 2me médaille pour une production chorale d'une assez belle venue ; et voici en quels termes il était jugé par le jury de 1891 :

« Le chœur : *Israël au Sinaï*, composé sur un plan » consciencieusement établi, a une certaine gran- » deur de facture qui attire l'attention...... quelques » passages méritent des éloges ; le solo de Moïse, » entr'autres, est clair, bien écrit pour la voix et » d'un grand caractère...... l'allegro final est un peu » vulgaire, et par suite inférieur au commencement. » Mais quelques bonnes pages, où l'auteur a visé » l'effet de force chorale, relèvent ces faiblesses » d'inspiration ou de facture. »

On verra plus loin que M. Duhot a conservé et augmenté ses qualités en améliorant jusqu'à les faire souvent disparaître ses défauts ou ses faiblesses.

Mais avant de parler de la musique et du compositeur de l'œuvre nouvelle, je voudrais dire quelques mots du poëte qui l'a inspirée, de « Marceline » comme l'appelaient ses admirateurs d'autrefois ; de cette « gloire » comme la nomme aujourd'hui M. Robert de Montesquiou.

Je veux dire que parmi mes auteurs préférés, Mme Desbordes-Valmore a sa place, à côté de Lamartine et de Musset. Comme eux, elle possèdele charme tendre, la grâce et l'originalité ; comme eux, la pensée s'échappe du cœur en élans passionnés ou en tristesse rêveuse. Et quiconque aime la poësie aux sentiments tendres et doux doit songer au poëte gracieux dont la statue s'élèvera bientôt sur l'une des places de Douai.

On sait que Lamartine écrivit des vers à Marceline Desbordes, mais ce qu'on sait moins, c'est la piquante histoire qui en fut la cause.

La voici, telle que la raconte André Maurel dans le *Figaro* :

« Madame Desbordes-Valmore avait adressé une » ode à un poëte de province de ses amis, M. Aimé de » Loy, et elle l'intitulait : à M. A. de L. Lamartine se » reconnut dans ces initiales et répondit au grand » poëte Marceline une ode admirable, et un doux » échange de vers eut lieu. »

Lamartine fut un orgueilleux, chacun le sait aussi, et les éloges lui étaient sensibles, mais peut-on croire que si les vers de Marceline Desbordes eussent été seulement faibles il eut daigné y répondre ?

C'est dans *Les Pleurs*, *Les Violettes*, *Pauvres Fleurs* et *Bouquets et Prières* que Madame Desbordes-Valmore a donné la mesure de son talent plein de grâce, doué du plus pur génie lyrique, et c'est de l'un de ces volumes que j'ai détaché une poësie dont j'écrivis la musique en 1866. On voit qu'il y a des coïncidences heureuses puisque je suis appelé aujourd'hui à parler de ce que j'aimai il y a trente ans et plus.

L'élégie choisie par M. Duhot appartient à un volume d'œuvres posthumes de l'auteur. Ces strophes ont une teinte mélancolique qui pénètre l'âme, un heureux tour d'expression dont l'émotion vraie se communique aussitôt. On y retrouve toutes les qualités du poëte, et je ne résiste pas au plaisir de les reproduire.

N'ÉCRIS PAS

« N'écris pas. Je suis triste et je voudrais m'éteindre ;
« Les beaux étés sans toi, c'est la nuit sans flambeau.
« J'ai refermé mes bras qui ne peuvent t'atteindre,
« Et frapper à mon cœur, c'est frapper au tombeau.
« N'écris pas. N'apprenons qu'à mourir à nous-mêmes.
« Ne demande qu'à Dieu... qu'à toi si je t'aimais !
« Au fond de ton absence écouter que tu m'aimes,
« C'est entendre le ciel sans y monter jamais.
« N'écris pas.

« N'écris pas. Je te crains, j'ai peur de ma mémoire,
« Elle a gardé ta voix qui m'appelle souvent.
« Ne montre pas l'eau vive à qui ne peut la boire :
« Une chère écriture est un portrait vivant.
« N'écris pas ces doux mots que je n'ose plus lire :
« Il semble que ta main les répand sur mon cœur,
« Que je les vois brûler à travers ton sourire,
« Qu'un baiser les empreint d'une enivrante ardeur.
« N'écris pas. »

On devine combien de telles paroles devaient exciter l'ardente inspiration d'un compositeur. C'est ce qui me reste à dire.

L'œuvre de M. Ch. Duhot est d'une belle écriture et l'on sent qu'il a subi le charme séduisant du poëte.

Très mélodique sans banalité, sentimentale sans mièvrerie, la phrase musicale de M. Duhot est pénétrante et souligne admirablement les ardeurs du poëme. Il traduit avec la plus grande fidélité les intentions du texte, et la vérité de l'expression prouve que son éducation musicale est de bonne école.

L'harmonie est séduisante et elle prouve aussi que l'auteur ne sera jamais le Torquemada de cette science, — ce dont je le félicite du reste — j'aime beaucoup l'enchaînement de *ré majeur* en *si bémol* dans lequel un simple accord de quinte augmentée, dans l'un de ses renversements, joue un si joli rôle.

A mentionner aussi la péroraison très bien mouvementée des strophes.

M. Duhot est un musicien qui a l'inspiration juste et sans faiblesses, cependant il voudra bien me permettre une simple remarque :

Pourquoi avoir conclu *dans le ton* à la fin de la première strophe ? Ce repos, si bien cadencé sur la tonique, peut laisser croire à la terminaison du morceau alors qu'il n'est qu'à moitié chemin ! Terminer la première strophe en *ré majeur* et reprendre la seconde également en *ré majeur* n'est plus admis, et nos maîtres modernes nous ont donné l'exemple de la répudiation d'un semblable procédé. Une modulation suspensive paraissait tout indiquée, et la plus élémentaire eut été sans doute la meilleure.

Mais où M. Duhot a fait preuve d'un grand sentiment artistique, c'est dans l'adjonction de l'interjection *ah !* dans la répétition si nécessaire du dernier vers de chaque strophe. Mme Desbordes-Valmore dit simplement :

N'écris pas !

Et c'est sans doute suffisant lorsqu'on récite ; mais M. Duhot, en reprenant ce vers, fait chanter : *N'écris pas, ah ! n'écris pas !* et ce cri a une valeur incontestable qui doit produire sur l'auditoire un effet certain, car il est vrai, juste, humain ; et en l'ajoutant, l'auteur a amplifié, doublé l'émotion qui résulte de cette pensée.

On voit que je n'ai pas exagéré mon opinion quand je disais tout-à-l'heure que M. Duhot avait augmenté ses qualités et fait disparaître ses faiblesses ; sa force musicale s'est accrue, il est devenu plus hardi, on sent qu'il adore la musique et qu'il en veut faire ce qu'elle doit être : *l'art expressif par excellence.*

Ma tâche se termine ici, et je prie M. Duhot, mon honorable collègue de Douai, d'agréer mes plus sincères félicitations, ne doutant pas qu'à celles-ci viendront encore s'ajouter celles de la Société Dunkerquoise tout entière.

Séance du 2 Août 1896

La séance est ouverte à 11 heures 10 minutes sous a présidence de M. Duriau père, Président.

Présents : MM. Terquem père, Président honoraire ; Vaneste, Vice-Président ; Debacker, secrétaire général ; Quiquet, archiviste ; Calot, Champion, E. Collet, Ch. Duriau, d'Hoogghe, Daigremont, Delaage de Belfaye, Freed, Gourliau, J. Morel, Henri Terquem et Jannin, secrétaire.

M. le Président ouvre la séance par la lecture d'une lettre de M. Mascart, Ingénieur des Ponts et chaussées et membre titulaire résidant, sur le concours d'architecture.

M. Mascart s'excuse de ne pouvoir remettre le rapport définitif, ce rapport ayant été envoyé par lui à l'examen des autres membres du jury.

Néanmoins, M. Mascart fait savoir que les membres de la Commission d'architecture ont reconnu, à l'unanimité, que le projet désigné par un point d'interrogation (?) méritait la prime offerte par la Société Dunkerquoise. L'assemblée consultée adopte la conclusion de la Commission et l'enveloppe cachetée accompagnant le projet en question est ouverte par M. le Président. L'auteur est M. Jules Potier, élève de l'École des Beaux Arts de Lille à qui sera notifiée la décision de la Société.

Le jury d'architecture conclut ensuite que les projets J. B. et Stop, présentés également au concours, ne méritent pas de mention spéciale : les enveloppes renfermant les noms des auteurs sont brûlées en séance. Le rapport de la Commission sera publié dans le prochain bulletin.

Les membres présents sont appelés à voter pour l'admission d'un membre titulaire résidant. M. Leroy, agent-voyer principal d'arrondissement, est élu à l'unanimité membre titulaire résidant.

M. Coolen communique le rapport verbal sur un travail soumis à la Société en dehors des questions indiquées au programme : c'est une étude rurale, intitulée *la Ferme Flamande*. Cette œuvre sans intérêt est une compilation de notes recueillies dans les ouvrages scolaires et les revues agricoles. L'auteur, ajoute M. Coolen, pourra tirer profit plus tard des nombreux renseignements qu'il a recueillis, mais dans la forme où il a été présenté ce travail ne mérite aucune récompense. Conformément à l'avis de la Commission la Société n'accordera aucune récompense au travail sur *la Ferme Flamande* et le bulletin renfermant le nom de l'auteur est brûlé en séance.

La parole est ensuite donnée à M. Terquem fils qui rend compte du résultat des concours de lecture et de déclamation.

M. Terquem fils fait surtout ressortir dans son rapport que les candidats ne s'attachent pas assez au sens de ce qu'ils lisent ; ils ne cherchent même pas à comprendre leur texte et à montrer qu'ils l'ont compris. Ils lisent des yeux et traduisent des lèvres sans faire jouer un rôle suffisant à leur intelligence.

Il y a lieu cependant de faire une distinction entre les garçons et les filles, ces dernières ayant fait preuve de beaucoup plus de sens. Pour la déclamation les scènes patriotiques dominent un peu trop, et sont même mal choisies ; ce sont des morceaux de versification emphatiques, et non les inspirations de vrais poëtes, qui ont le plus souvent tenté les candidats.

Le jury d'examen est d'avis de mettre hors concours M[elles] Corigliano et Eggericxk et propose les récompenses suivantes :

DÉCLAMATION. — *Jeunes Gens.*

Enseignement secondaire. — Première section, prix unique *(ex-æquo).*

Deuxième section : Quatre prix, quatre mentions.

Enseignement primaire : Prix unique.

Jeunes Filles. — Première section : deux hors concours.

Deuxième section : Deux prix.

LECTURE EXPRESSIVE : *Jeunes Gens.*

Enseignement secondaire : Première section : pas de premier prix, deux seconds prix. — Deuxième section : Deux prix, deux mentions.

Enseignement primaire : Première section : Pas de premier prix, un second prix, deux mentions.

Deuxième section : Cinq prix dont trois *ex-æquo*, neuf mentions dont six *ex-æquo*.

Jeunes Filles. — Première section : Cinq prix dont trois *ex-æquo*, sept mentions dont quatre *ex æquo*.

Deuxième section : un rappel de premier prix : six prix dont deux *ex-æquo* ; six mentions dont quatre *ex-æquo*.

Les noms des lauréats seront proclamés à la séance solennelle de septembre.

Ces diverses propositions sont adoptées.

M. D'Hooghe lit une poésie ayant pour titre : *La Fiancée du Soleil*. Les vers, dont l'harmonie évoque les ombres légères et fugitives des beautés italiennes, peignent de gracieuses aurores, de charmants crépuscules sur lesquels le poëte laisse errer sa pensée.

M. le Président félicite M. D'Hooghe tant en son nom personnel qu'au nom de tous les membres présents et l'assemblée, consultée, décide que cette pièce de vers sera insérée dans le prochain volume des mémoires de la Société.

Il est ensuite décidé d'établir le programme des concours de 1897. Pour ce qui concerne les sciences, la question maintenue au programme de l'année dernière « de la construction de l'habitation dans le Nord » n'ayant pas été l'objet de travaux satisfaisants est remplacée par une *étude géologique de la Flandre maritime*. Les candidats devront tenir compte des derniers sondages opérés dernièrement à Gravelines, Zuydcoote et autres lieux.

M. Henri Terquem a ensuite la parole : Il propose de mettre au concours la question suivante : « Résumer dans un travail succinct les conditions générales et déterminées à remplir pour l'obtention d'images photochronographiques, destinées à la reproduction du mouvement. Il ne faudrait envisager la question qu'au point de vue théorique, à l'exclusion de toute description d'appareil. » Cette question est renvoyée à la Commission des Sciences.

M. Henri Terquem propose encore à la Société de faire l'an prochain une Exposition d'art photographique. La photographie, dit-il, est sortie des premiers tâtonnements et laisse maintenant hors de question l'obtention d'une bonne épreuve, ce n'est là qu'un pur travail matériel pour lequel il ne faut que du soin et aucun goût. Actuellement on cherche et on parviendra à obtenir photographiquement des effets artistiques qui rivaliseront avec ceux des peintres et des graveurs. Mais pour atteindre ce but il faut que le photographe qui conçoit un sujet arrive à une perfection absolue de pose et d'éclairage, qu'il fasse jouer les scènes vivantes d'une façon parfaite, n'ayant pas la faculté de corriger avec le pinceau, comme pourrait le faire un peintre ou un graveur.

Il y a donc là une difficulté très grande que beaucoup de photographes sont parvenus à vaincre et qu'il y a lieu d'encourager. Il faut au moins autant de sentiment artistique dans ces conditions que pour n'importe quel art.

Si la Société Dunkerquoise organisait une exposition d'art photographique, il conviendrait, dit-il, de limiter le programme de façon à éliminer des photographies excellentes, sans doute, mais qui ne répondraient pas à l'idée artistique primitivement conçue.

Quant aux récompenses à distribuer, la société photographique de Dunkerque et du nord de la France consentirait très probablement à encourager cette exposition par des médailles ou autres primes.

Cette proposition est renvoyée à la commission des Beaux-Arts.

M. Champion, à l'occasion du concours des Beaux-Arts, propose à la Société de prendre l'initiative d'une série de mesures à imposer aux constructions qui bordent la voie publique et qui pourraient être l'objet de récompenses. Le président fait observer que cette proposition lui paraît être surtout du ressort de l'administration municipale et, afin que la Société puisse s'en occuper utilement, il l'engage à lui soumettre une étude détaillée de son projet à la prochaine séance.

Pour ce qui concerne la partie littéraire des concours de 1897, il est décidé que la question « Galerie historique de l'arrondissement de Dunkerque » qui existait déjà l'année dernière, sera maintenue.

M. A. Champion termine la séance par la lecture d'un ouvrage en cours d'exécution et qui a pour titre « Hugghes le Fauve. »

L'auteur a supposé qu'après le suicide d'un homme dont il ne connut jamais le véritable nom, il devint accidentellement possesseur d'écrits divers que le suicidé léguait, par une sorte de testament, à celui qui les voudrait recueillir.

Ces pages, fragments détachés, sembleraient avoir été composées sous l'impression du moment, sans ordre apparent.

M. Champion a donc réuni le tout comme il a pu.

Hugghes le Fauve est une sorte de philosophe ayant beaucoup pratiqué les hommes et les choses ; puis, s'étant isolé très près de la nature, sa manière de vivre est devenue paradoxale. L'allure de parti pris impressionne douloureusement. Il parait prendre sur toutes choses le contre-pied de ce qui est admis habituellement et, de prime abord, ses théories sont décevantes.

Mais, lorsqu'on regarde plus attentivement cet homme, on y découvre un fond d'indulgente bonté pour tout ce qui souffre, pour tout ce qui est faible. Toute injustice aussi indifférente qu'elle puisse être, le blesse profondément. Il a souffert de la souffrance d'autrui.

Plus le sarcasme s'accuse à l'extérieur, plus sensible est pour lui la blessure intérieure ; il meurt de la douleur des autres.

M. Champion est vivement félicité de ses collègues et il est décidé que son intéressante lecture sera insérée dans le prochain bulletin de la Société.

L'ordre du jour étant épuisé, la séance est levée à 12 heures 1/2.

Séance Mensuelle du 2 Août 1896

OUVRAGES REÇUS

1. Bulletin de la Société Industrielle d'Amiens. — Tome 34e. N° 11. — Mars 1896. — Une brochure, Gd in-8°. — Amiens 1896.
2. Bulletin de la Société d'Agriculture, Sciences et Arts de la Sarthe.— 1er trim. 1896.— 11e Série. Tome XXVII — XXXVe Tome de la Collection. — Année 1895 et 1896.— 3e fascicule. — Le Mans, 1896.
3. Bulletin de l'Académie d'Archéologie de Belgique. — 4e Série des Annales. — 2e Partie.— XXVIIe — Une brochure. — Anvers 1896.
4. Bulletin de la Société des Amis des Sciences et Arts de Rochechouart. — Tome VI. N° 1. — Une brochure. — Rochechouart. Mars 1896.
5. Bulletin de la Société botanique des Deux-Sèvres, 1895. — 7e Bulletin. — Un volume broché. — Niort, 1896.

6. Bulletin de la Société de Géographie de Lille (Lille, Roubaix-Tourcoing). — 17e année. — Tome 25e. — Une brochure. — Lille. N° 6. — Juin, 1896.

7. Bulletin Trimestriel de la Société d'Emulation d'Abbeville. — N°s 2, 3 et 4 de 1895. — 3 brochures.

8. Bulletin de la même Société. — Année 1894. N°s 3 et 4. — 1895. N° 1. — 2 brochures.

9. Journal des Savants. — Mai et Juin 1896. — 2 brochures in-4°. — Paris 1896.

10. Journal de la Société d'Agriculture des Deux-Sèvres. — Maitre Jacques. — Une brochure. N° 6. — 6e Série. — Juin 1896.

11. Mémoires de la Société d'Emulation d'Abbeville Tome 1er. — Un volume petit in-4° broché. — Abbeville 1895.

12. Mémoires de la même Societé. — Tome 1er. — 1 volume, petit in-4° broché. Abbeville 1896. (Notice sur la Vie & l'œuvre gravé de Jacques Aliamet d'Abbeville avec Gravure reproduisant les principales Gravures.

13. Recueil des Travaux de la Société libre d'Agriculture, Sciences, Arts et Belles-Lettres de l'Eure. — V^e série. — Tome 3e. — Année 1895. — Un volume broché. — Évreux, 1896.

14. Revue des Travaux Scientifiques. — Tome XV. — N° 12. — Une brochure. — Paris 1895.

15. Revue des Travaux Scientifiques. — Tome XVI. N°s 1 et 2. — 2 brochures. — Paris, 1896.

16. Travaux de l'Académie Nationale de Reims. — 96e volume, année 1893-94. — Tome 1er. — Un volume broché. — Reims, 1895.

17. Société botanique des Deux-Sèvres. — Flore du Haut Poitou. — 1re et 2e livraison. — 2 brochures. — Niort, 1896.

18. *N'écris pas* (Elégie) Poésie de Mme Desbordes Valmore. — Musique de Charles Duhot. — (Romance avec accompagnement). — Don de l'auteur à la Société Dunkerquoise.

19. Catalogue de Livres d'occasion. — Beaux-Arts. Belles Lettres. — Histoire. — Sciences. — XIXe année. — 20 Juillet 1896. — Nouvelle Série No 2. — Une brochure.

Publications Etrangères

---

20. Boletin mensual del Observatorio. Météorologico Central de Mexico. — Mes de Marzo. — 1896. — Une brochure Gd in-4o. — Mexico. — 1896.

21. Bulletin de la Société pour la Conservation des Monuments historiques d'Alsace. 11e Série. — Tome XVIII. — Livre I. — Un volume broché in-4o. — Strasbourg, 1896.

Concours d'Architecture

Rapport de la Commission

La Société Dunkerquoise a mis au concours pour l'année 1896 le projet de reconstruction du piédestal de la statue de Jean-Bart, en lui donnant un caractère plus décoratif.

Toute initiative était laissée aux concurrents pour l'importance à donner au projet, en tenant compte seulement que le plan nouveau devait être inscriptible dans un carré de 15 à 16^{m} de côté, et que la dépense ne devait pas dépasser 30.000 fr.

Le jury composé de :

MM. Batteur, architecte, à Lille.
Calot, sculpteur, à Dunkerque.
Mascart, Ingénieur des Ponts et Chaussées, à Dunkerque, a eu à examiner trois projets, désignés par les légendes

J. B. — STOP — ?

Projet J. B. —

L'auteur du projet J. B., s'est, ainsi qu'il le développe dans une note explicative, inspiré des avis exprimés par David d'Angers, M. Lebas et M. Develle, lorsque dès 1850, on s'est préoccupé d'améliorer les lignes générales du monument. Il conserve l'allure d'ensemble du piédestal actuel, et le surmonte d'un amortissement destiné à surélever la statue et à en dégager la plinthe. Il a prévu une légère ornementation du socle et a présenté un dessin gentiment crayonné d'un bas relief décoratif. La statue serait en outre entourée par quatre colonnes rostrales portant des candélabres.

Aucune estimation n'est jointe au projet, et l'auteur se borne à déclarer que la somme de 30.000 francs lui semble insuffisante.

Projet STOP. —

Le projet signé STOP est un dessin assez sommaire qui, d'après les indications de l'auteur, semble avoir une hauteur un peu exagérée.

Projet ? —

L'auteur du projet désigné par un point d'interrogation a fourni quatre dessins représentant un monument complet formé d'une enceinte elliptique surélevée et dominée par la statue de Jean-Bart.

La maquette représente seulement la statue et son piédestal, et constitue un projet réduit, rentrant plus strictement dans le programme du concours.

Le projet complet est intéressant en plan. L'idée d'aménager au pied de la statue un emplacement pour les auditions musicales est certainement heureuse ; elle a été développée avec soin et le motif central est bien traité. Le dessin général du piédestal témoigne d'un effort intelligent pour mettre la statue en valeur ; on pourrait seulement demander que les bas reliefs ? un peu exigus, prennent plus d'importance, et que les profils et l'ornementation soient accusés avec un peu plus d'énergie.

En somme la conception est nouvelle, originale et intéressante, le monument est d'aspect élégant et décoratif. Bien que l'auteur ait, par scrupule, proposé une solution simplifiée réduisant son devis à la limite fixée, c'est son plan principal et son étude d'ensemble qui doivent être recommandés.

Les membres du jury estiment en conséquence que le projet signé d'un point d'interrogation mérite pleinement de recevoir la médaille offerte comme prime du concours.

Dunkerque, le 5 Septembre 1896.

Em. CALOT Ch. MASCART.
C. BATTEUR.

LA VIE [1]

Par M. Champion, membre titulaire résidant

Vivre, c'est lutter sans trêve contre la mort ; quand le combat devient trop inégal, l'équilibre n'existant plus, suivant la loi naturelle, la vie cède la place à la mort.

La mort est la « cause » de la vie, la mort est une Stase de transformation de l'être qui ne peut plus ou ne veut plus lutter.

Si l'homme apportait dans les moyens de vivre, les mêmes perfectionnements qu'il a su trouver pour détruire, il augmenterait, d'autant, ses chances de lutte et retarderait la victoire de la mort.

Immuablement entraîné par l'attraction solaire, notre système planétaire se meut avec une régularité que rien ne peut troubler. L'influence de la lumière et la chaleur du Soleil permettent à la vie de se manifester glorieusement ; le développement successif des germes donne naissance à la plante et à l'arbre ; les créatures aquatiques, les animaux aériens trouvent dans l'absorption du végétal les éléments réparateurs

(1) Extrait d' " Hugghes le Fauve. "

nécessaires à leur existence ; les espèces carnivores, par l'assimilation des herbivores, entretiennent leurs forces vitales : et, quand le cycle est accompli, la restitution se fait par la mort de l'être : il rend à la terre ce qu'il a emprunté à la terre, à l'atmosphère ce qui lui vient de l'atmosphère.

— Tout est fini ?

— Tout recommence !... sorte de métempsycose matérielle.

Cette décomposition d'un être retournant à son origine, n'apportant aucun trouble à l'équilibre des choses, allant à l'argile dont il est sorti, n'a rien qui doive attrister l'esprit du penseur.

La mort n'est plus cette éventualité terrible dont on effraie les cerveaux, pour tenir plus facilement en main cette Humanité qui marcherait en avant, si l'intérêt d'un nombre restreint d'ambitieux insatiables n'était de la faire reculer en arrière ; la mort devient alors la grande nécessité de la vie : l'éternité matérielle des êtres est l'éternité tangible, réelle.

Voici le minéral : un infiniment petit, dans son immortelle activité, le travaille sans cesse.

Analysons le végétal, nous y retrouvons le minéral.

Isolons les produits de la décomposition du cadavre d'un homme, à quelque sommet qu'il se soit élevé : nous avons du gaz, de la vapeur d'eau, bientôt il ne restera plus que des minéraux.

Oui, cette simplicité est grandiose !

Du soleil et voici la vie.... faites la nuit, vous en suspendez le cours.

C'est là, le mécanisme de la vie ; voilà pourquoi nous devons l'envisager avec courage, mais aussi sans présomption, combattre sans crainte, comme il convient à ceux qui défendent la bonne cause ; question universelle, particulière à chacun, commune à tous les êtres animés.

Les intérêts sont donc égaux, et la folie humaine, seule, a pu aggraver les conditions de ce combat déjà si inégal, en fractionnant ses forces vives, sectionnant le faisceau, apportant entraves sur entraves par l'isolement systématique dans lequel chaque membre de la société est tenu par la société elle-même, affaiblissant la grande famille humaine en forgeant pour chacun des liens plus propres à paralyser les efforts personnels qu'à augmenter les forces de l'individu.

L'erreur de la Société provient de ce qu'elle considère toujours le problème comme « résolu » ; elle ne voit que le mur compact qu'elle a édifié, s'acharnant sans cesse à le renforcer ; et, contrairement au constructeur prudent qui choisit des matériaux de même résistance, elle soumet en bloc ses membres à une égale pression, à peine sensible pour le fort, accablante pour le faible qui ne tarde pas à être écrasé !

Le combat est d'autant plus difficile que l'être est moins bien armé, moins résistant.

Ici, les mots force et faiblesse ne sont que des expressions relatives ; le mieux armé, dans la civilisation, est celui qui possède le plus d'avantages pécuniaires.... le but de la vie n'est plus alors de vivre.

Certains esprits expliquent ceci en s'appuyant sur l'habile invention de Darwin « La lutte pour la Vie » théorie surtout remarquable par l'application que l'inventeur a su faire en s'appropriant les découvertes de ce génie qui fut Lamarck.

Cette excuse de « la Lutte pour la Vie », immorale au premier chef, est commode ; les spoliateurs, les assassins de tout ordre y trouvent simplement l'absolution de leurs crimes.

Comme l'évolution morale s'accomplit parallèlement à l'évolution physique, que plus un être atteint à la perfection organique plus il s'élève dans l'échelle des êtres, nous devons travailler à l'amélioration cérébrale des déshérités de l'existence : gardons-nous d'augmenter par l'inégalité sociale, l'inégalité naturelle qui est la conséquence logique du développement des individus dans des milieux différents.

La civilisation ne doit pas agir comme une ville assiégée qui rejette cruellement au dehors les bouches inutiles, sa tâche est l'amélioration de la vie.

Si les hommes voulaient enfin comprendre que vivre est le Grand Devoir, la destruction ne serait plus leur principal mobile... ce serait la vie.

Quand l'existence humaine n'aurait d'autre but que de transmettre la Vie, nous trouverions encore là une raison suffisante pour nous la faire aimer !

Alfred CHAMPION.

Juillet 1896.

Procès-verbal de la Séance Mensuelle

du 6 Septembre 1896

Présidence de M. F. DURIAU, Président.

La séance est ouverte à 11 heures.

Sont présents : MM. F. Duriau, président, Quiquet, archiviste ; Calot, Champion, Coolen, Gourliau, Lefebvre (Henri), Mascart, Morel (Jean), Reumaux, Sigerson, Vézien, membres et Debacker, secrétaire-général.

MM. Isambert, Daigremont, Charles et Gustave Duriau, Jannin et Vaneste, se font excuser.

Le procès-verbal de la séance du 2 août dernier, dont il est donné lecture par le secrétaire, est adopté sans observation.

Le Président procède à l'élection du candidat présenté en la dernière séance. M. Lucien De Baecker, agent de change et courtier maritime à Dunkerque, est nommé à l'unanimité, Membre titulaire résidant.

Le Président invite le secrétaire à donner communication des rapports déposés par les commissions d'Histoire et des Lettres.

Il est donné lecture, au nom de M. Bouchet rapporteur, des rapports suivants sur les monographies de Mardyck et de Spycker.

RAPPORT SUR LA MONOGRAPHIE DE SPYCKER

par M. E. BOUCHET, membre titulaire, résidant

Le volumineux travail adressé à la Société Dunkerquoise pour le Concours de 1896, sous l'épigramme : *L'Histoire est la Messagère du passé*, est infiniment supérieur à la monographie de la Commune de Mardyck.

A coup sûr l'auteur n'est pas un styliste, mais il ne vise pas à la perfection du style et il se contente d'une bonne phrase courante sans prétention, qui dénote une grande habitude du maniement de la plume.

C'est par d'autres côtés que son travail mérite une attention particulière. Mais avant d'en signaler les qualités aussi bien que les défauts, il convient de formuler dès l'abord une remarque générale.

L'auteur eût bien fait de se conformer au sage précepte de Boileau : Qui ne sut se borner, ne sut jamais écrire.

Sous prétexte de présenter au Concours une Monographie de la commune de Spycker, notre candidat nous présente en réalité trois mémoires importants sur des sujets qu'un lien bien lâche rattache l'un à l'autre et qui sont accompagnés chacun d'une devise distincte.

Le premier est une étude topographique et géologique de l'arrondissement de Dunkerque. Soigneusement étudiée et rigoureusement documentée, elle est marquée d'un véritable cachet original, s'il faut voir autre chose qu'un paradoxe dans cette idée longuement développée, que l'invasion des eaux marines sur les côtes de Flandre et la formation du golfe de Watten sont postérieures à l'occupation romaine.

L'auteur ne m'a pas convaincu, mais il serait nécessaire pour discuter son avis de posséder plus de notions scientifiques qu'il n'en faut pourtant pour louer en cette partie du mémoire l'abondance des témoignages soigneusement accumulés dans les notes.

Peut-être même, et c'est ici que le conseil de Boileau pourrait-être appliqué à l'auteur, les références sont-elles trop nombreuses ; elles amènent la confusion dans l'esprit et il n'est guère d'usage d'appuyer les allégations marginales par de nouvelles notes ou par des contre-notes.

Il y a moins d'originalité dans la seconde partie du travail, ou plutôt dans le second mémoire renfermé dans le même manuscrit, car il est accompagné d'une devise particulière :

« *Omnia cum Deo* » — « *Nihil sine ipso.* »

Ce travail sur la division administrative et religieuse de la Morinie, qu'il serait plus exact d'appeler seulement : division religieuse car la partie administrative est à peine indiquée, est celui dans lequel l'auteur énumère complaisamment et successivement, en leur consacrant à chacun un paragraphe distinct, ces diocèses constitués sur le territoire de l'ancienne Morinie, ceux de Thérouanne, d'Ypres, de St-Omer et de Cambrai.

Pour chacun d'eux l'auteur a dressé une longue liste des prélats qui ont occupé ces sièges ; il indique leurs divisions en doyennés avec leurs subdivisions en paroisses, puis donne quelques détails sur les nombreuses pratiques religieuses qui y furent introduites, exemple, celle de l'Adoration perpétuelle.

La Monographie de la commune de Spycker serait un bon spécimen des travaux que la Société Dunkerquoise doit honorer de ses suffrages, si certains défauts ne la déparaient pas.

Pour la rédiger, l'auteur est remonté aux bonnes sources, il a soigneusement compulsé et complètement dépouillé les archives locales et communales. Son attention s'est portée sur tous les livres qui pourraient lui offrir quelque référence utile.

Les matières sont, en général, bien disposées, et les répétitions peu fréquentes par conséquent, mais la monographie à laquelle on pourrait donner en devise spéciale les mots inscrits à la suite de la table : *Deo et labore*, n'échappe pas aux défauts signalés dans ses aînées. Oublieux du précepte qui veut que, l'écrivain ne dise pas tout ce qu'il sait, mais seulement parmi les choses qu'il sait, celles seulement, qui méritent de fixer l'attention, l'auteur n'a rien voulu laisser dans l'ombre. Son érudition parfaitement informée est trop souvent confuse et diffuse ; on ne voit pas, par exemple, ce que vient faire dans une monographie de la Commune de Spycker,un tableau comprenant les prix des grains sur les principaux marchés d'Europe, ou une discussion sur le régime douanier de l'admission temporaire.

Monographie de Mardyck

L'auteur de la monographie de Mardyck soumise au jugement de la Société Dunkerquoise pour le concours de 1896 a pris comme épigraphe : *Tout par le travail*, qu'il pourrait s'appliquer lui-même.Sa notice est le fruit d'un travail assidu tenté par un écrivain qui a plus de bonne volonté que de science et plus d'application que de style. Celui-ci est tout à fait défectueux et si peu exigeant que soient les juges du Concours, puisqu'il s'agit surtout de constituer pour nos Mémoires une série complète de Monographies communales, il me semble que nous sommes en droit de demander à nos lauréats un peu de dextérité dans le maniement de leur plume et un peu plus d'originalité dans la forme de leur œuvre.

L'histoire de Mardyck a été jadis l'objet d'un travail considérable et très documenté de M. de Bertrand. Son livre offrait un cadre tout tracé pour une œuvre de dimension plus restreinte ; et c'est bien en effet dans le cadre indiqué par son devancier que l'auteur de la présente notice s'est maintenu ; cette notice doit, à notre ancien confrère, la netteté de son plan, elle lui doit aussi d'avoir échappé à de graves erreurs historiques. Il est regrettable que l'abrégé ne soit pas mieux proportionné ; la seconde partie intitulée : Agriculture, Industrie, Commerce, n'est souvent que la répétition de la première, et est, relativement, beaucoup trop longue. Quant à l'histoire de la localité, s'il était juste de s'étendre assez longuement sur l'époque romaine et sur les destinées de la commune au Moyen Age, j'aurais voulu que l'auteur entrât dans des détails plus circonstanciés relativement à l'époque moderne où les opérations militaires, dont le territoire de Mardyck a été le théâtre sous Louis XIV, méritaient une mention moins brève.

Malgré ces réserves, j'estime que la Monographie de Mardyck mérite une *mention honorable* ; c'est, si non l'œuvre d'un jeune débutant, du moins l'œuvre d'un homme âgé qui n'a pas craint de se livrer à un labeur difficile, afin de s'honorer de l'approbation de la Société Dunkerquoise et de célébrer, le mieux qu'il a pu, le village qui l'a vu naître.

Une phrase de la Monographie de Mardyck, sans enfreindre l'anonyme imposé, indique que l'auteur est un Mardyckois et, n'eût-elle pas été écrite, on découvrirait encore un enfant du pays dans la connaissance parfaite de la localité que ce petit Mémoire dénote. A mon sens, c'est là son principal mérite. Ce mérite est d'autant plus digne de fixer les suffrages de la Société Dunkerquoise qu'en provoquant la publication de notices sur chacune des communes de l'arrondissement, la Compagnie a surtout voulu constituer une réunion de brochures susceptibles de servir de lectures dans les Ecoles primaires. Or, quels sont les livres les plus appropriés aux enfants des Ecoles, sinon ceux qui leur parlent, en les désignant par leurs noms, de tous les lieux où ils passent chaque jour.

Pour conclure je donnerai ici mon avis en tant que Membre de la Commission d'Histoire sur les deux manuscrits qui m'ont été soumis. Je considère ces manuscrits comme contenant 4 mémoires distincts rédigés par deux auteurs différents.

L'un d'eux contient en les rangeant par ordre de mérite :

1° Monographie de la Commune de Spycker (devise : *Deo et Labore*)

2° Topographie de la Flandre maritime (devise : l'*Histoire est la Messagère du passé*).

3° Divisions administratives et religieuses de la Morinie (devise : « *Omnia cum Deo* » — « *Nihil sine ipso* ».) —

4° Monographie de Mardyck, par un autre concurrent.

Je serai d'avis que la Société accordât à la Monographie de Spycker, à laquelle on joindrait l'étude de la division administrative et religieuse de la Morinie, une médaille de vermeil.

2° A la Topographie de la Flandre, une médaille d'argent avec une mention honorable.

3° Une seconde mention honorable avec médaille de bronze à la Monographie de Mardyck.

E. B.

La Société, adoptant les propositions de la commission, décide d'attribuer la première récompense à la monographie de Spycker portant pour épigraphe : « L'histoire est la Messagère du passé » et dont l'auteur est M. Blomme, instituteur en retraite.

M. Blomme, ayant obtenu l'année dernière la médaille au concours de monographies de communes, n'a droit, aux termes des conditions générales du Concours, qu'à un rappel de médaille.

Une mention honorable est accordée à la monographie de Mardyck qui a pour auteur M. Alph. Martel, Instituteur-adjoint à Lille.

Le Concours de poésie a été l'objet du rapport suivant de M. Sigerson :

« Le Concours de poésie qui, l'année dernière encore réunissait de nombreux compétiteurs, a été délaissé en 1896.

« Les envois peu nombreux, ne présentent, en général, qu'un intérêt secondaire et, à deux exceptions près, n'ont droit qu'à la considération due aux bonnes intentions de leurs auteurs.

« Nous n'avons pas à rechercher les causes de l'indigence dont l'inspiration de la plupart de nos concurrents, paraît être atteinte.

« Nous croyons, cependant, qu'elle ne leur est pas particulière et s'il peut nous être permis d'élargir tant soit peu le cadre de nos remarques, nous croyons exprimer une idée juste en disant que la faute en est à l'évolution où se débat actuellement l'art poétique.

« Une évolution, comme on l'a dit, avec un esprit

non dénué de raison, est une révolution sans en avoir l'*r*.

« Or, les vielles traditions des Hugo, des Sully-Prudhomme, des Coppée, pour n'en citer que quelques-uns, ont été et sont violemment combattues par les outranciers, qui poursuivent avec acharnement, la rénovation d'un art, le diadème dont l'éclat attire sur la littérature Française, l'attention du monde entier.

« D'un côté les Parnassiens qui combattent pour le triomphe des principes poétiques, particuliers à notre race et de l'autre les « dévoyés du progrès » qui, à force de raffinements, en sont arrivés à ne tenir pour acceptables que les seules œuvres où l'immense majorité ne trouve que des onomatopées, en apparence, vides de signification.

« Nous disons « en apparence », par déférence pour ceux de nos auditeurs qui pourraient préférer la brûme au soleil et tenir Victor Hugo, pour une « vieille baderne », alors que le célèbre symboliste « Hix », leur paraîtrait être l'incarnation visible de la poésie même.

« Pour nous résumer, dans le monde des poëtes, une guerre impitoyable, s'exerce ouvertement à grand renfort de « revues », de « conférences » et de productions peu viables.

« Il résulte de cet état de choses que les « timides » s'abstiennent en attendant que leur orientation définitive leur soit signifiée par l'irrésistible « girouette » de l'opinion publique.

« En attendant que « ceci tue cela »,la besogne du jury de la Société Dunkerquoise s'est trouvée simplifiée et,au nombre des envois soumis à son examen, deux lui ont paru dignes de récompenses.

« Le premier, intitulé « Aux Champs » est d'une belle facture et d'une inspiration énergique.

« Le renouveau du printemps, l'éclatante jeunesse de l'été, les charmes de l'automne et le repos, bien mérité, de l'hiver, y sont décrits dans une langue sonore et vibrante, claire et chantante comme le bon vin de France.

«Aussi,est ce à l'unanimité que la première récompense a été décernée à l'auteur.

« Le jury a également décerné sans discussion le deuxième prix à la composition dédiée à Mme Marceline Desbordes Valmore, dont la belle franchise littéraire et le tour gracieux l'ont particulièrement séduit.

« Le jury eût été heureux de soumettre au public un palmarès plus fourni mais, soucieux de s'acquitter de sa mission consciencieusement, il n'a cru devoir distinguer que deux lauréats. »

Conformément aux conclusions de la Commission, une médaille de vermeil est accordée en premier prix à la pièce intitulée « Aux Champs » dont l'auteur, reconnu, est M. Félix de Monnecove ;

Et comme second prix, une médaille de bronze est attribuée à l'auteur de la poésie « Pour Marceline Desbordes-Valmore. »

En l'absence d'un pli cacheté faisant connaître le

nom de ce lauréat, un avis sera inséré dans les journaux et notamment dans ceux de Douai pour inviter l'auteur à se faire connaître.

Les enveloppes cachetées déposées par les concurrents non récompensés sont détruites séance tenante conformément au règlement.

Le secrétaire général rend compte de ses démarches près du Directeur du Kursaal dans le but de tenir la séance solennelle en cet établissement comme l'année dernière.

M. Dardelle s'y est prêté de bonne grâce et a promis le concours de l'orchestre symphonique et d'une partie des artistes dramatiques.

En conséquence de cette communication, la société après en avoir délibéré, arrête comme suit le programme de la séance solennelle qui aura lieu au Kursaal, le 15 septembre prochain à 3 heures.

1re Partie

1. — Ouverture par l'Orchestre Symphonique.
2. — Allocution du Président.
3. — Compte-rendu des travaux de la Société par le secrétaire-général et rapports sur les concours d'Histoire et d'Architecture.
4. — Rapport sur les concours de Lecture expressive et de déclamation, par M. H. Terquem.
5. — Orchestre.

2e Partie

1. — Ouverture par l'Orchestre Symphonique,
2. — Monologue, par M. Leprin, de la troupe du Kursaal.
3. — Distribution des récompenses.
4. — Une Comédie en un acte.

La parole est ensuite donnée à M. Champion. Reprenant la proposition qu'il avait faite en la séance précédente, M. Champion développe son projet d'ouvrir un concours permanent entre les propriétaires et les constructeurs pour les engager à adopter des motifs de décoration sur les constructions nouvelles en bordure de la voie publique.

M. Duriau exprime l'avis que l'initiative de cette mesure semble appartenir plutôt à l'édilité.

Sous la réserve que les récompenses à accorder à un concours de ce genre grèveraient notablement les ressources de la Société, le Président propose de nommer une commission chargée d'étudier les moyens de mettre en pratique la proposition de M. Champion.

L'assemblée se range à cet avis et nomme à cette fin une commission composée de MM. Champion, Jean Morel et Calot.

Continuant l'ordre du jour, M. Duriau donne lecture d'une note sur le « Pithécanthropus erectus », précurseur présumé de l'homme.

M. Duriau, donnant suite à ses communications précédentes, relatives à l'influence qu'exercent les milieux sur la formation et la transformation des organes, résume et commente les observations que M. Manouvrier a présentées à la Société d'antropologie de Paris en un mémoire sur la découverte d'ossements fossilles à Java et autres lieux.

Toutes ces observations confirment l'aphorisme formulé par notre collègue : « La fonction fait l'organe » et il explique ainsi la structure actuelle du squelette humain, résultat des nécessités physiologiques imposées aux anthropoïdes nos prédécesseurs.

Cette très intéressante lecture est fort goûtée par l'auditoire qui félicite son président et le remercie d'en autoriser l'insertion dans le prochain bulletin.

A la lecture que vient de faire M. Duriau succède une communication de M. Debacker relative à la capture d'un hippocampe dans la rade de Dunkerque.

M. Debacker rappelle que la Société Dunkerquoise a mis jadis au concours une étude sur la Faune du littoral de Dunkerque et que cette étude n'a jamais été traitée d'une manière complète, Il profite de la trouvaille qu'il a faite pour rappeler la question à l'attention de la société et il croit intéressant de consigner le fait qu'il expose dans le bulletin à titre de renseignement pour l'auteur futur de l'étude restée en désidératum.

Sur la proposition du Président, la société décide que la proposition de M. Debacker sera insérée dans le prochain bulletin.

En l'absence de renseignements demandés à M. H. Terquem,la rédaction définitive du programme des concours de 1897 est remise à la séance prochaine.

L'ordre du jour étant épuisé le Président lève la séance à midi 1/2.

E. Debacker.

NOTE

à propos d'un Hippocampe trouvé dans la rade de Dunkerque

par M. E. DEBACKER, membre titulaire résidant

Dans les anciens programmes des concours de la Société Dunkerquoise il est question, si mes souvenirs sont exacts, d'une « Etude sur la faune et sur la flore du littoral de Dunkerque. »

Cette étude, pourtant bien séduisante pour un observateur, n'a jusqu'ici tenté personne, ou, du moins, aucune étude de ce genre n'a été présentée, que je sache, à nos concours.

Seul M. Olry Terquem, le vénérable savant dont nous avons gardé un affectueux et respectueux souvenir, ce travailleur infatigable qui, à une science profonde joignait une modestie qui n'est plus de notre époque, a traité une partie de la question.

En spécialisant son travail à la recherche et à la classification des coquilles, et en particulier des coquilles microscopiques, M. Terquem a traité la plus ardue de l'étude proposée dont il a fait un travail très-précieux pour la science. Il a découvert un grand nombre d'espèces nouvelles qu'il a classées, cataloguées et dessinées avec un remarquable talent et une exactitude indiscutable. Il a formé ainsi une collection qu'on peut dire unique, qu'avec un grand désintéressement il a déposée au Musée de la Ville où nous voudrions lui voir occuper une place digne de l'auteur et de son œuvre.

M. Terquem a indiqué lui-même, en commençant son travail, les grandes lignes de la question qui doit comprendre, dit-il, les mammifères, les oiseaux, les mollusques et les flores terrestre et marine. Il est fort désirable que des observateurs judicieux entreprennent de suivre la voie qu'il a ouverte et si bien indiquée.

La connaissance des mollusques, des poissons, qui habitent, ou se trouvent accidentellement, dans la région des Bancs de Flandre, ou même, pour localiser davantage, dans la rade et sur la plage de Dunkerque, est loin d'être complète et de bien agréables surprises sont réservées au savant, au chercheur qui voudra se livrer à cette étude. La satisfaction de découvrir des espèces nouvelles ou peu connues lui serait une précieuse récompense de son travail.

Ces réflexions me sont inspirées par la trouvaille très-inattendue que j'ai faite il y a quelques jours dans le filet d'un de ces petits bateaux qui font la pêche des crevettes.

Quel champ à explorer que l'amas de varechs,

d'animalcules, de débris de toute nature que ces filets ramènent du fond et qui sont rejetés à la mer, ou dans le port, avec toutes les richesses scientifiques qu'ils renferment !

Je ne parle que pour mémoire de la quantité innombrable de petits poissons, qui ne deviendront pas grands, hélas ! car à peine éclos on leur supprime la vie que Dieu leur a prêtée. Ce serait sortir de mon sujet que de m'appesantir sur ce point. Je constate le fait une fois en déplorant l'incurie de ceux qui, par intérêt, devraient se préoccuper de cette question économique au premier chef.

Je reviens à ma découverte.

Parmi les nombreux crabes, pierre l'hermite, coquilles, méduses, fucus et petits poissons qui constituent le fond ordinaire du chalict employé à ce genre de pêche et rejeté par les pêcheurs après le triage des crevettes, le patron de l'un de ces bateaux remarqua un poisson qu'il considérait comme extraordinaire, phénoménal, non pour sa taille qui est assez exiguë, mais pour sa conformation fantastique. Jamais il n'en avait vu de pareil.

Je badaude volontiers sur les quais. A ce moment même j'étais arrêté à examiner la pêche du bonhomme qui appela mon attention sur sa capture.

A ma grande surprise, je reconnus un hippocampe ou cheval marin, bien vivant, qui se mit à caracoler en courbes gracieuses en frétillant de sa nageoire dorsale dans le bocal plein d'eau où je le fis déposer.

Il serait superflu de vous faire la description de l'Hippocampe, je me contente de rappeler que c'est un syngnath de la famille des lophobranches, très connu, non seulement des naturalistes, mais aussi de tous ceux qui ont visité un aquarium de quelque importance.

Celui dont il s'agit et que j'ai l'honneur de vous présenter en personne — post mortem, hélas ! — n'offre rien de plus particulier que ses congénères.

Le seul fait intéressant et qu'il m'a paru utile de signaler, c'est que cet animal a été pris *vivant* dans la rade de Dunkerque. Tous les auteurs s'accordent à lui donner pour habitation les mers chaudes. On le trouve dans la Méditerranée et quelquefois dans l'Océan. Je ne crois pas qu'il ait jamais été signalé dans la mer du Nord.

En portant ce fait à votre connaissance je n'ai voulu faire qu'une simple constatation. C'est un renseignement que je veux donner à l'auteur, que j'appelle de tous mes vœux, de la faune de notre rade et s'il vous semble, comme à moi, que le fait est à retenir je ne vois pas de meilleur endroit pour le consigner que le Bulletin de notre société.

8 Août 1896.

E. Debacker.

NOTE

SUR LE PITHECANTHROPUS ERECTUS

par M. F. DURIAU

Dans la séance de Novembre 1895, en vous rendant compte de travaux publiés par la Société d'anthropologie de Paris (1), je vous entretenais de l'influence qu'exercent les milieux sur la morphologie des organes et je terminais ma communication par cette formule : *la fonction fait l'organe*. Quelque paradoxale que puisse paraître cette affirmation au premier abord, elle n'est, lorsqu'on l'examine attentivement que le résumé des modifications auxquelles nous assistons tous les jours et, afin de vous en démontrer l'exactitude, je vous ai signalé les transformations qui se produisent dans les organes à mesure que ceux-ci, changeant de milieu, sont appelés à une fonction nouvelle.

Aujourd'hui c'est encore à la Société d'Anthropologie de Paris que je vais emprunter les éléments de ma communication et c'est en m'appuyant sur les mêmes données, la *fonction transformant l'organe*, que je vous parlerai du précurseur de l'homme. Les

(1) Bulletin de la Société d'Anthropologie 1894.

bulletins de cette Société (1) renferment, en effet, un très volumineux et très remarquable mémoire dans lequel M. Manouvrier étudiant des ossements fossiles trouvés à Java, au Trinil, les attribue à un genre intermédiaire entre la race simienne et l'homo sapiens, au pithecanthropus erectus. Et ce n'est pas un spectacle sans intérêt de voir les discussions que souleva cette présentation, les réserves qu'elle provoqua d'abord puis la confirmation résultant de cet échange d'observations et de faits : je m'efforcerai donc de vous les résumer aussi brièvement que possible.

Au Congrès zoologique international de Leyde, M. Eugène Dubois avait entretenu l'Assemblée de la découverte d'ossements fossiles — un fémur, un crâne, deux dents — ; il avait exposé les recherches minutieuses auxquelles il s'était livré à ce sujet et ce savant Hollandais après avoir démontré qu'il s'agissait sans aucun doute de restes fossilisés concluait que ces pièces squelettiques provenaient d'un même individu, d'une même espèce, n'appartenant pas à un anthropoïde et qu'il convenait de les attribuer au précurseur présumé de l'homme au pithecanthropus erectus. Cette affirmation qui heurtait les idées philosophiques généralement admises ne laissa pas que de soulever des doutes ; le professeur Kollmann de Leyde ainsi que le professeur Virchow de Berlin déclarèrent que la question ne leur paraissait pas résolue et qu'il y avait lieu de faire de nouvelles recherches pour que cette interprétation pût être admise. M. Dubois vint donc à Paris, soumit à la Société d'Antropologie le résultat de ses études et

(1) Bulletin de la Société d'Anthropologie 1895

M. Manouvrier dans un rapport remarquable — qui peut être considéré comme un traité complet sur cette matière — fit part à cette Société des hésitations qu'il avait eues d'abord et des motifs qui l'amenèrent ensuite à adopter l'opinion du naturaliste Hollandais. Il contrôle minutieusement ces débris de squelette, établit que la fossilisation en est complète, il tient compte du milieu où ils ont été découverts, examine la faun de la couche où on les a rencontrés, le *pliocène supérieur* et finalement il refute les objections de Kollmann et de Virchow et adopte les conclusions de M. Dubois.

Je n'entrerai pas dans les détails nombreux où M. Manouvrier expose les variations du fémur dans l'espèce humaine et le compare au fémur de Trinil, je ne vous parlerai pas non plus des différences qu'il signale entre le crâne de l'anthropoïde et celui de Java relativement aux sutures et notamment à la surface basilaire ainsi qu'à la position reculée du trou occipital et au poids du cerveau qui excède de trois cents grammes celui du gorille le plus grand. L'énumération de ces détails lui suffit ponr prouver que ces débris n'appartiennent pas à un quadrumane et ne sauraient être attribués à une origine simienne. L'attitude devait être différente, et cet observateur est ainsi amené à reconnaître que les changements survenus dans les os sont la conséquence d'une attitude bipède. Mais le point capital de ces recherches c'est que la méthode qui a permis aux anthropologistes d'expliquer la torsion des os (1) en prenant

(1) Bulletin de la Société d'Anthropologie 1894.

la fonction comme base de l'évolution du squelette retrouve ici son application.

Après avoir éliminé, dans l'attribution de ces débris fossiles, le singe et l'homme, après avoir admis que ces restes appartiennent à un genre intermédiaire, le *précurseur de l'homme,* cette méthode indique pas à pas la modalité selon laquelle s'opère la transition d'une espèce à celle qui lui est supérieure et qui n'est autre que l'accommodation morphologique des os aux nécessités mécaniques de la fonction. Et dans le cas présent, l'attitude bipède bien différente de celle des grimpeurs, imposée par la transformation du milieu, a donc occasionné les modifications dans le système osseux.

Nous savons depuis longtemps qu'un « perfectionnement organique léger en soi peut amener des conséquences fonctionnelles, diverses, nombreuses, profondes, telles qu'il peut y avoir un défaut de proportion entre un changement anatomique et un changement physiologique, voilà pourquoi dans le parallèle entre l'homme et les anthropoïdes la comparaison des organes ne montre que des différences légères tandis que la comparaison des fonctions en révèle de beaucoup plus grandes » (1). Mais en poussant plus loin et retournant les termes de la proposition de Broca, nous dirons avec M. Manouvrier qu'une « modification fonctionnelle légère, concernant l'attitude, a suffi pour produire des modifications organiques très considérables, importantes elles-mêmes au point de vue fonctionnel, si bien que l'on peut expliquer par le simple changement d'attitude toutes les différences anatomiques et physiologiques capables de caractériser le genre Homo par rapport à la famille des anthropoïdes » (2).

Ainsi que je vous le disais en commençant, quelque paradoxale que paraisse être cette formule : la *fonction fait l'organe*, elle trouve donc de nouveau son affirmation dans le travail que je viens de vous signaler. En rétablissant un chainon qui fait défaut dans la série animale elle a permis la reconstruction d'un squelette. C'est par l'accommodation des organes aux nécessités physiologiques imposées par les milieux qu'on peut assister à l'établissement de l'ancêtre présumé de l'homme et je ne saurais mieux faire, en terminant, que d'engager les amateurs de recherches ethnographiques à consulter dans les Bulletins de la Société d'Anthropologie de Paris le savant et judicieux mémoire de M. Manouvrier où indépendamment des détails scientifiques se trouvent des considérations philosophiques de l'ordre le plus élevé.

---

(1) Broca. Revue d'Anthropologie 1881.

(2) Manouvrier. Bulletin de la Société d'Anthropologie 1895.

Séance du 6 Septembre 1896

OUVRAGES REÇUS

1. Annales de la Société d'Emulation pour l'étude de l'histoire et des Antiquités de la Flandre. — Tome VIII, XLVe volume de la collection. — Année 1895. — Un volume broché. — Bruges 1896.

2. Annales de la même Société. — Tome IX, XLVIe volume de la collection. — Année 1896. — Une brochure. — Bruges 1896.

3. Bulletin de Géographie historique et descriptive du Comité des Travaux historiques et scientifiques. — Année 1895. N° 2. — Un volume broché. — Paris Imprimerie Nationale 1896.

4. Bulletin de la Société de Géographie de Lille. — 17e année. — Tome 25e. N°s 4 et 5. — Avril et Mai 1896. — 2 brochures.

5. Bulletin de la Société des Sciences historiques et naturelles de l'Yonne. — Année 1895. — 49e volume. — 19e de la 3e Série. — Auxerre 1896.

6. Bulletin de la Société Archéologique d'Eure-et-Loire. — N° 221. — Juin 1896. Procès-verbaux.— N° 222. — Juillet 1896.— Tableau de la Ville de Chartres. — N° 223. — Août 1896. — Mémoires. — N° 224. Octobre 1896. — Procès-verbaux. — 4 brochures. — Chartres 1896.

7. Bulletin du Comité des Travaux historiques et scientifiques (Section des Sciences économiques et sociales). — Séances mensuelles. — Rapports. — Mémoires. — 1896. Paris.

8. Journal de la Société d'Agriculture du département des Deux Sèvres. — 6e série. N° 6. — Juin 1896. — Une brochure.

9. Journal de l'Architecture et la Construction dans le Nord. — Publication mensuelle de la Société Régionale des Architectes. — 5e année. — Une brochure avec planches. — Mai 1896. — N° 5.

10. Travaux de l'Académie Nationale de Reims. — 97e volume. Année 1894-1895. — Tome II. — Un volume broché. — Reims 1896.

Publications Etrangères

11. Sixteenth annual Report of the United States Géological Survey to the Secretary of the intérior. — 1894-1895. — Charles D. Walcott in-pourparts. — Part 11. — (Papers of an économie character). Part III. — (Minéral resources of the united states. — Métallic products). Part IV. — (Nonmétallic products). Smithsonian Institut. — Washington 1895. — 3 volumes in-4° de 700 pages avec nombreuses gravures reliés.

Séance du 4 Octobre

Présidence de M. F. DURIAU, président.

La séance est ouverte à 11 heures,

Sont présents : MM. P. Terquem, président honoraire ; Debacker, sécrétaire-général ; Quiquet, archiviste ; C. Lefebvre, trésorier ; Calot, Coolen, Delaage de Bellefaye, D'Hooghe, Daigremont, G. Duriau, Gourliau, Leroy, Mine, Henri Terquem, Jannin, secrétaire.

Le procès-verbal de la dernière séance est lu et adopté.

M. A. Jannin lit le compte-rendu de la séance solennelle du 17 Septembre. Ce travail sera inséré dans le prochain volume des mémoires en même temps que les mémoires couronnés.

La correspondance comprend :

1° Un envoi de gravures fait par le Ministre de l'Instruction publique pour être distribué comme prix.

Cet envoi comprend :

Les Bouchers de Saint-Adrien par Coppier, d'après frantz Hall ;

Le rêve, par Girou, d'après Detaille ;

Elisabeth d'Autriche, par Marc, d'après Clouet ;

Orphée, d'après Sulpih, par G. Moreau.

Ces estampes étant parvenues trop tard pour être données aux Lauréats, il est décidé qu'elles seront conservées jusqu'à la prochaine distribution de prix.

2° Une carte de M. Félix de Monnecove, homme de lettres à Paris remerciant la Société Dunkerquoise pour l'insertion de sa pièce de vers dans le prochain volume des mémoires.

Le Président annonce à la Société qu'elle vient de perdre un de ses membres honoraires, M. le Général Iung. Il fait remarquer qu'en toutes circonstances, comme Gouverneur de Dunkerque, député ou homme de lettres, l'aimable Général s'empressait de rendre service à la Société et que c'est à sa collaboration gracieuse qu'est due la magistrale introduction du Siège de Dunkerque, publiée en 1893. Il croit être l'interprête des sentiments de la Société en s'associant aux nombreux regrets qu'occasionne la mort de l'honorable Général et il propose en conséquence d'adresser à sa veuve l'expression des sentiments de condoléance de la Société Dunkerquoise.

Approuvant la proposition de son Président, l'assemblée décide qu'un extrait du procès-verbal de la séance sera adressé à Madame Iung comme un témoignage de respectueuse et sympathique condoléance.

Puis M. G. Duriau, se faisant l'interprête de ses collègues, adresse au nom de la Société de cordiales et affectueuses félicitations à M. Vaneste, son vice-Président, à l'occasion de sa récente promotion au grade d'officier de l'Instruction publique.

Tous les membres présents s'empressent de complimenter M. Vaneste pour la flatteuse distinction dont il a été l'objet et décident qu'il en sera fait mention au procès-verbal de la séance.

Le Président dépose sur le bureau au nom des auteurs : *Le Port de Dunkerque*, par M. Emile Bouchet et *Le Rêve*, par M. de Monnecove. Ces ouvrages seront déposés à la bibliothèque et des remerciements seront adressés par lettre aux deux auteurs.

A propos de cet envoi, M. G. Duriau exprime le regret que M. Emile Bouchet n'ait pas réservé pour le volume des Mémoires de la Société cet intéressant travail. L'Assemblée, s'associant à ces regrets, émet le vœu que M. Bouchet veuille bien réserver pour la Société la primeur de ses travaux, ainsi qu'il l'a déjà fait très gracieusement et à la grande satisfaction de la Société.

L'ordre du jour appelle le *projet des concours pour 1897*.

M. d'Hooghe demande la parole et développe son idée sur le concours de rythme qu'il avait proposé à la séance du mois d'août dernier.

Ce concours a pour but, dit-il, de mettre à la disposition des poètes lyriques des formules nouvelles. Les concurrents devront présenter et nommer une forme de pièce, dont ils auront créé ou retrouvé dans les auteurs antérieurs au XVIIe siècle, la combinaison rythmique et prosodique. Ils en expliqueront les règles et en fourniront un exemple écrit par eux en vers modernes. La commission s'attachera moins pour porter son jugement, à la valeur propre des vers, qu'à la valeur harmonique du genre créé ou renouvelé et à sa convenance avec le sujet traité. Elle appelle l'attention des concurrents sur les effets qu'on peut tirer des répétitions de vers ou de rimes et des rappels de constructions grammaticales ou d'idées. Elle leur donne pour exemple les pièces suivantes qu'elle exclut du concours, comme déjà suffisamment connues : le sonnet, le rondel, le rondeau, la ballade, le triolet, le lai, le virelai, le chant royal, la villanelle, le huitain, le dixain, le douxain, la sextine et le pantoum. Les concurrents pourront user de la kyrielle des rimes batelées, fraternisées ou annexées, senées, brisées, emperières, couronnées ou enchaînées.

La Société adopte les propositions de la commission et décide que des médailles d'argent et de bronze seront attribuées à ce concours et que des mentions honorables pourront être décernées.

M. Calot qui, à la séance de septembre, avait proposé de faire à Dunkerque une exposition d'art décoratif, communique sur cette question le travail suivant :

Proposition d'Exposition d'Art décoratif par M. CALOT

Depuis une trentaine d'années, une heureuse révolution s'est opérée dans le goût, et non seulement en France mais encore à l'étranger, tout ce qui se rapporte directement ou indirectement à l'ameublement a pris une importance inattendue dans la préoccupation des gens du monde aussi bien que des artistes. Ces mille et un objets, compagnons fidèles de tous nos instants, trop longtemps dédaignés, injustement méconnus, ont reconquis dans l'estime générale la place à laquelle ils avaient droit. On commence donc à s'apercevoir que les arts de l'ameublement ne sont pas aussi inférieurs qu'on veut bien le prétendre à ce qu'on nomme communément Beaux-Arts. En tout cas, les satisfactions qu'ils procurent à ceux qui savent les apprécier, les problèmes variés qu'ils soulèvent, les beautés spéciales qu'ils présentent justifient l'intérêt qu'on leur témoigne.

Une autre raison doit encore nous faire souhaiter de voir leur étude se généraliser en France. Le soin de conserver notre suprématie artistique, quelque peu menacée, nous impose le devoir de familiariser nos jeunes gens avec les innombrables applications de procédés toujours ingénieux, souvent très savants, qu'exige l'exercice des diverses professions. Il importe en effet, à ceux qui se destinent à la pratique des arts industriels d'apprendre de bonne heure que chacun d'eux possède son esthétique particulière et que, suivant les matières qu'il met en œuvre, il se trouve soumis à des lois spéciales qu'il ne lui est pas permis d'ignorer, à des règles étroites qu'il ne lui est pas permis de transgresser.

Chaque matière en effet comporte une contexture, un ductilité, une densité qui lui sont en quelque sorte personnelles et dont les qualités mêmes imposent à l'artiste la nécessité de recourir à un traitement spécial. Il est clair, par exemple, que les fibres souples et tenues du bois ne sauraient être traitées comme le grain sec et cassant de la pierre, et les façons qui conviennent à la pierre au marbre ou au bois ne sauraient convenir à l'argile qui, flexible et malléable, se modèle à la main, ou aux métaux qui se fondent et se martèlent.

Parmi ces derniers, le degré de dureté, la fusibilité plus ou moins grande, aussi bien que la valeur intrinsèque forcent l'artiste à employer pour chacun d'eux des procédés différents. Il n'y a que des rapports très lointains entre la mise en œuvre du fer, qui se forge par grandes masses, et celles de l'or qui se fond et cisèle par petits lingots. Or ces traitements si divers ne sont point inutiles à approfondir. C'est faute d'avoir appris à les connaître, que les gens du monde exigent si souvent d'industriels trop empressés à leur plaire, qu'ils donnent à certaines matières des formes qui seraient mieux appropriées à des objets de nature très différente. C'est à cette même ignorance qu'il faut attribuer le manque d'originalité, de convenance, de la plupart des modèles qui dessinés par des artistes cependant fort habiles, pourraient s'appliquer aussi bien à la céramique qu'à la métallurgie.

Un vase quelle que soit sa destination, doit revêtir une forme particulière suivant qu'il est en or, en argent, eu bronze, en porcelaine, en marbre ou en bois, et cette forme doit être assez caractéristique pour qu'à première vue, et par la seule contemplation de son galbe, on puisse découvrir de quelle matière il est fabriqué.

Nous conformant aux idées exprimées ci-dessus

nous proposons à la Société Dunkerquoise l'établissement d'un concours pour la création du modèle d'un objet d'art dont le programme ci-annexé peut servir de modèle et serait donné tous les ans.

Des prix et médailles seraient attribués à ce concours.

Concours de Décoration Artistique

PROGRAMME

Un projet de décoration de reliure pleine en maroquin ou veau, grandeur petit in-8° (22 X 14) pouvant convenir au volume des mémoires que la Société Dunkerquoise, pour l'encouragement des lettres, sciences et arts, publie chaque année.

Toute liberté est laissée à l'initiative des concurrents, à qui il est recommandé de faire simple et calme, pour éviter la lassitude qu'amèneraient les motifs tourmentés et bruyants multipliés un grand nombre de fois.

RÉGLEMENT

Article Premier

Pour concourir il faut justifier de sa qualité de Français.

Article 2

Tout pastiche, toute copie ou imitation servile d'un style connu seront rigoureusement écartés.

Article 3

Toutes les compositions présentées au concours

devront être conçues en vue de leur exécution.

ARTICLE 4

Les concurrents devront fournir les dessins du verso, du recto et du dos. (grandeur d'exécution).

ARTICLE 5

Les projets présentés au concours ne devront porter aucune signature.

Chaque concurrent devra inscrire un signe (devise ou monogramme) au recto de chaque dessin. L'envoi devra être accompagné d'un pli cacheté portant à l'extérieur le signe choisi. Dans l'intérieur du pli, l'auteur d'un projet mentionnera son nom, son adresse, le nombre de dessins envoyés et la reproduction de la devise ou monogramme.

ARTICLE 6

Les concurrents devront remettre leurs projets au siège de la société (au musée) du au 1897.

ARTICLE 7

Chaque concurrent pourra exposer un ou plusieurs projets, mais il ne pourra obtenir qu'un seul prix pour son meilleur ouvrage.

ARTICLE 8

Les dessins primés resteront la propriété de la Société Dunkerquoise, mais les auteurs en conserveront le droit de reproduction.

ARTICLE 9

Le Jury chargé de se prononcer sur la valeur des œuvres exposées sera composé de membres dont appartiendront à la société.

ARTICLE 10

En cas d'infériorité constatée par le Jury, des œuvres présentées au concours, ou de l'inobservation par les concurrents des conditions prescrites au programme de ce concours, le Jury aura la faculté de déclarer qu'il n'y a pas lieu de décerner les récompenses.

Dans ce dernier cas, le Jury statuera en toute souveraineté sur la question de savoir s'il y a lieu de donner une indemnité à tel ou tel concurrent, et fixera lui-même le chiffre de cette indemnité.

ARTICLE 11

Il y aura une exposition publique des œuvres présentées, après le jugement.

Une commission est nommée pour examiner la proposition de M. Calot ; elle se compose de MM. Debaecker, Delaage de Bellefaye, Calot et Morel.

La parole est ensuite donnée à M. d'Hooghe pour la lecture d'une de ses poésies. De vifs applaudissements soulignent les dernières strophes et il est décidé que cette pièce de vers paraîtra dans le prochain bulletin.

L'heure avancée ne permettant pas de continuer les lectures annoncées au programme, MM. Vaneste et Champion veulent bien reporter leurs communications à la réunion de novembre.

La séance est levée à 12 heures 25.

Séance du 4 Octobre 1896

OUVRAGES REÇUS

1. Bulletin de la Société des Amis des Sciences et Arts de Rochechouart. — Tome VI, n° 11. — Mai 1896. — Une brochure — Rochechouart 1896.

2. Bulletin de la Société d'Etude des Sciences naturelles de Nimes. — 24e année, n° 2. — Avril-Juin 1896. — Une brochure. — Nimes 1896.

3. Bulletin de la Société d'Etude des Sciences naturelles de Béziers. — Mémoires. — Comptes-rendus des Séances. — XVIIIe volume — Année 1895. — Un volume broché. Béziers 1896.

4. Bulletin du Comité des Travaux historiques et Scientifiques. — Section des Séances économiques et Sociales. — Congrès des Sociétés Savantes de 1806. — 1 volume broché. — Paris 1896.

5. Journal de la Société Régionale d'horticulture du Nord de la France. — 16e année. — n° 9. — Septembre 1896. — Palais Rameau. — Une brochure.

6. Journal des Savants. — Juillet et Avril 1896. — 2 brochures in-4°. — Paris 1896.

7. Recueil de l'Académie des Sciences, Belles Lettres et Arts de Tarn-et-Garonne. — 2e Série. — Tome XI. — Année 1895. — 1 volume broché. — Montauban 1895.

8. Revue des Travaux Scientifiques. — Tome XI, nos 3 et 4. — Deux brochures. — Paris 1896.

9. Un Rêve. — Plaquette par M. Félix de Monnecove. — Hommage de l'auteur à la Société Dunkerquoise. — Une brochure, Prose et Poésie.

Publications Étrangères

10. Boletin de Agricultura. — Minéria é industrias. Año V. — Num 3, 4 et 5 Septiembre, Octubre et Noviumbre de 1895. — (Envoi de l'Observatoire Météorologique Central de Mexico. — 3 volumes brochés. — Mexico 1895.

11. Boletin mensual del Observatorio Météorologico Central de Mexico. — Mes de Junio. — 1896. — Une brochure gd in-4. — Mexico 1896.

12. Royal Society for the Prevention of Cruenty, to Animals. — Seventy Second. — Annual Report. — Un volume. — London 1896.

Séance du 7 Novembre 1896

OUVRAGES REÇUS

1. Annales du Musée Guimet. — Les Castes dans l'Inde. — Les Faits et le Système par Emile Seuart, Membre de l'Institut. — 1 volume broché.

2. Annales du Goffre à Trésor attribué au Shôgoum Iyé-Yoshi. — Etude héraldique et historique par L. de Milloué et S. Kawamoura. — Paris 1896. — 1 volume broché.

3. Annales de la revue de l'Histoire des Religions. — 17e année. — Tome XXXIII, n° 1. — Janvier-Février n° 2, Mars et Avril. — 2 volumes brochés. — Paris 1896.

4. Bulletin de la Société Industrielle d'Amiens. — Tome 34e, n° IV, Juillet 1896. — Amiens 1896. — Une brochure.

5. Bulletin de la Société des Beaux-Arts de Caen. 9e volume. — 2e cahier. — Une brochure. — Caen 1893.

6. Bulletin de la Société de Géographie de Lille. — 17e année. — Tome 26me, n° 9. — Septembre 1896. — Une brochure.

7. Bulletin de la Société Orchéologique, Scientifique et Littéraire de Béziers. — Troisième série. – Tome 1. — 2e livraison. — Tome XXIV de la collection. — Un volume broché 1896.

8. Bulletin trimestriel de la Société Académique de l'Arrondissement de Boulogne-sur-Mer. — n° 4. — 1894-1895. — 5e volume. — 4e livraison. — Une brochure.

9. Bulletin historique de la Société des Antiquaires de la Morinie. — 45e année. — Tome IX. — Année 1896. — 2e Fascicule. — Une brochure. — Saint-Omer. — 1896.

10. Journal de la Société d'Agriculture du département des Deux-Sèvres. — n° 9. 6e série. — Septembre 1896. — Une brochure.

11. Journal de la Société Régionale d'Horticulture du Nord de la France. — Palais Rameau. — Lille. — n° 10. — Octobre 1896. — 16e année. Une brochure.

12. Journal des Savants. — Septembre et Octobre. 2 brochures in-4°. — Paris 1896. — Imprimerie Nationale.

13. Mémoires de la Société Académique de l'arrondissement de Boulogne-sur-Mer. — Tome 17e 1895-1896. — Un volume broché. — Boulogne 1896.

14. Répertoire des Travaux de la Société de Statistique de Marseille. — Tome 44e. — Un volume broché. — Marseille 1896.

Publications Etrangères

15. Boletin mensual del Observatorio Météorologico Central de Mexico. — Mes de Julio 1896. — Une brochure grand in-4°. — Mexico 1896.

16. Boletin de la Réal Academia de la Historia Tomo XXIX. — Guaderno IV. — Octubre 1896. — Une brochure. — Madrid 1896.

17. Anuario Estadistico de la Républica Mexicana 1894. — Ano II. — Mexico 1894. — Numéro 2. — Un volume in-4° 600 pages. — Mexico 1895.

La séance est ouverte à 11 heures 10 sous la présidence de M. Duriau père, président.

Présents : MM. Terquem, président honoraire ; Isambert et Vaneste, vice-présidents ; C. Lefebvre, trésorier ; Quiquet, archiviste ; Champion, Delaage de Bellefaye, Daigremont, Duriau Gustave, Fesqueter, Freed, Lefebvre Henri, Vaillant et Jannin, secrétaire.

M. E. Debaecker, secrétaire général, retenu en mer par son service, se fait excuser de ne pouvoir assister à la séance.

M. A. Jannin, secrétaire, communique aux membres présents le procès-verbal de la dernière séance qui est adopté.

La correspondance du bureau ne comprend qu'une lettre de Madame Jung, remerciant la Société Dunkerquoise de la sympathie que ses membres lui ont témoignée à la suite du décès du général Jung. Elle prie en même temps M. le président Duriau d'être l'interprête de ses sentiments de gratitude et de sa profonde reconnaissance pour le bon souvenir que la Société a gardé de son mari.

M. le Président fait savoir que le programme des concours pour l'année 1897 a été envoyé partout.

La parole est ensuite donnée à M. H. Terquem qui donne, en un exposé aussi rapide que concis, les faits les plus saillants de la bataille navale de Yalou. Il énumère ensuite les forces en présence et montre la différence existant entre les lourdes masses animées composant la marine chinoise et les croiseurs rapides de la flotte japonaise. Après avoir sommairement exposé les épisodes du combat, il cherche à en tirer des conséquences et analyse le rôle joué par les éléments d'attaque et de défense que possédaient les deux adversaires.

Il montre enfin comme conclusion que toutes les leçons qu'on a pu tirer de ce combat ont déjà été mises à profit par les Anglais dans les constructions de leurs nouveaux croiseurs.

M. Duriau remercie M. H. Terquem de son intéressante communication et il est décidé qu'elle sera insérée dans le prochain bulletin.

M. Vaneste continue la série des lectures par son rapport sur l'Acétylène. Sur la proposition du Président, ce travail, plein de judicieuses remarques sur les propriétés de ce nouveau gaz, figurera également dans le bulletin qui doit paraître prochainement.

M. G. Duriau termine enfin les lectures annoncées au programme par un rapport très documenté sur la vie intime des populations interlopes de certains quartiers de la Basse-Ville. Cette étude, profondément vécue sur les mœurs et coutumes des classes ouvrières, est une immense plainte où la dignité humaine souffre de voir des familles entières devenir des charges onéreuses pour les Bureaux de Bienfaisance ou des Sociétés de Secours Mutuels qui, sous prétexte de soulager la misère, font de la politique.

La Société décide que cette lecture paraîtrait dans le bulletin, puis M. Quiquet propose de lui donner la plus grande publicité, étant donné qu'elle a surtout — indépendamment des nombreux renseignements statistiques — une grande portée philanthropique. M. Terquem père se rallie à l'idée exprimée par M. Quiquet et il est décidé à l'unanimité qu'un tirage spécial aurait lieu et que des brochures seraient distribuées à domicile.

L'heure avancée ne permet pas à M. Champion de faire sa lecture qui est remise à la prochaine réunion.

La séance est levée à 12 heures 45.

A TRAVERS DUNKERQUE [1]

II

Le Jeu-de-Mail et le Paupérisme

par le docteur Gustave DURIAU,
Membre titulaire

A la fin de ce siècle, où chacun a le cerveau hanté par les problèmes sociaux, où les partis luttent suivant leur conviction pour cette belle œuvre — peut-être un peu chimérique : l'extinction du paupérisme — il est utile d'étudier dans chaque ville les malheureux, de visiter leurs quartiers et de rechercher si possible le pourquoi de cet état de choses.

A Dunkerque, comme dans toutes les autres villes, il y a des pauvres, il y en a même énormément, trop. Pour une population de quarante mille habitants, il faut compter neuf mille soixante-six personnes inscrites au budget de l'Assistance publique, soit un quart de la population. C'est effrayant de constater un pareil état de choses, et je suis persuadé que peu de personnes s'en douteraient en voyant la classe laborieuse se promener ou vaquer à ses occupations.

Le premier chapitre (Seamen's Institute) a paru dans le bulletin de 1895.

C'est qu'en effet dans ce pays l'amour propre de l'habitant est satisfait avant tout par l'étalage d'une toilette au-dessus de ses moyens et aux dépens de son estomac. Paraître avant toute chose, tel est le fond du caractère dunkerquois qui, comme on le voit, est bien matiné d'espagnol.

Il ne faut pas incriminer la frontière voisine d'être la cause de cet encombrement de malheureux, car il n'y a que deux cent quarante-six familles étrangères donnant un total de mille deux individus assistées par le Bureau de bienfaisance. Ce n'est que le neuvième de nos pauvres et ce n'est pas beaucoup si l'on veut bien comparer ce chiffre au nombre considérable de Français formant la classe indigente des villes belges. Mais cela tient aussi à ce que notre cité n'est pas une grande ville et que Lille très proche de nous sert d'exutoire. Comme conséquence à l'exclusion de ce millier d'étrangers, nos malheureux sont bien à nous. Ce ne sont pas des articles d'importation. Aussi sera t-il plus aisé de sonder cette plaie et d'en rechercher le remède.

Les pauvres, à Dunkerque, sont disséminés un peu dans tous les quartiers excentriques de la ville. Le Port, la Citadelle, la Basse-Ville ainsi que le vieux quartier Saint-Gilles en possèdent une grande part. Mais c'est dans le Jeu-de-Mail qu'existe la vraie citadelle du Paupérisme. Ce pays conquis par les miséreux a ses limites bien définies : Le canal de jonction au nord, au sud le fossé des fortifications, à l'est le canal de Bergues, à l'ouest celui de Bourbourg le séparent du restant de la ville.

La rue de Calais, qui est son boulevard, contient quelques propriétés particulières habitées par des industriels, que la nécessité de leurs affaires contraint de s'y fixer. Mais ces maisons sont en minorité et sont englobées par les constructions à bon marché édifiées pour les petits.

Trois cent quarante-six familles ont conquis cet ilot qui est bien leur et qui a une physionomie bien spéciale peu connue des Dunkerquois. Nommé en 1887 médecin du Bureau de bienfaisance pour ce district, j'y suis resté jusqu'au mois de janvier 1896.

Pendant cette période de dix ans où j'ai donné des soins quotidiens aux déshérités de la fortune, j'ai pu acquérir les qualités indispensables à un cicerone de ce quartier, et je ferai tout mon possible pour vous le montrer tel qu'il est sans exagération ni parti pris.

Le royaume des pauvres forme un T dont le jambage vertical est la rue du Jeu-de-Mail et l'horizontal la rue des Passerelles. Ces deux voies sont habitées par des malheureux exclusivement. Dans chaque maison, à chaque étage, à chaque porte ce sont des colonies d'indigents ou d'ouvriers chômant plus qu'ils ne travaillent.

Du reste en entrant dans la rue du Jeu-de-Mail cependant assez large et bien pavée, il vous tombe sur les épaules un manteau glacé. C'est triste et laid.

Voici, des deux côtés de la chaussée après avoir dépassé les murs des deux grandes filatures, des maisons à l'air pauvre à un ou deux étages au maximum.

Au milieu de la rue grouillent des enfants sales à l'aspect assez robuste cependant, les faibles et chétifs ne pouvant supporter leur misère. Ils sont pieds nus par n'importe quel temps, recouverts à peine d'une chemise et d'un vêtement bien léger hélas.

Aux portes des maisons, des vieux assis sur le seuil, se chauffent aux pâles rayons du soleil, muets, sombres; ceux-là mendient, vous les avez certainement vus le vendredi, errant par bandes dans toute la ville, sonnant aux portes, une besace sur le dos, quêtant, les pauvres, les croûtes de pain desséchées, le menu de toute la semaine. Heureux quand le fourneau économique y ajoute une assiette de soupe. Ils sont démolis, usés, détruits, des spectres d'hommes. La vie a dû être dure pour eux. Malgré cela, ce sont des indépendants, ils aiment mieux les hasards de leur existence sans ressources, que la douce tranquillité du vieillard admis à l'hospice. Ils sont tous de l'école de cette pauvre petite vieille informe, se traînant supportée par deux béquilles, avec des mouvements pénibles d'oscillation, la figure flétrie, grelée, se singularisant par l'absence du nez. Les gamins l'avaient surnommée Mitje Pot-Blanc. Pourquoi ? Un soir, je la rencontrai et la trouvant haletante et bien faible, je lui proposai doucement de la faire admettre à demeure à l'hospice. Je fus reçu par une bordée d'injures qui se termina par cette rude mais typique phrase : « J'aime mieux crever dans un « vulbach » que dans un lit d'hôpital » souhait qui devait du reste être exaucé la semaine suivante. On ramassa son cadavre sur un tas d'ordures. En fervents disciples de la pauvre Mitje ces vieux ont tous l'horreur de l'hôpital, bercés dès leur jeune âge par cette légende inepte qu'on n'entre dans cet asile que pour y mourir ou pour servir de sujet d'étude.

Peu d'hommes dans la journée, les mâles sont partis à la recherche du travail, ou si le port chôme à la pêche à la ligne, car aucun n'a de métier. Ils sont tous portefaix et louent leurs bras et leurs épaules.

Par contre les femmes sont en grand nombre. Caquetant à leur fenêtre, hiver comme été, voisinant, commérant. Leur note personnelle, d'une couleur bien locale, c'est l'ingestion d'un nombre considérable de tasses d'un breuvage noir, amer, à base de chicorée, qu'on affuble du titre prétentieux de café. Ajoutez ce travail de déglutition aux quelques soins du ménage et vous aurez l'emploi complet d'une de leurs journées.

Presque seuls les adolescents des deux sexes travaillent aux filatures de coton et de jute.

Heureux ceux qui ont fait un apprentissage dans la première de ces deux industries, ils gagnent de bonnes journées, leur rétribution est du reste juste, car le travail est pénible et tuant. Ceux là sont presque tous logés dans une cour appelée cour Desrousseaux, du nom du filateur propriétaire.

Cette partie du quartier située à gauche dans la rue du Jeu-de-Mail, est construite comme toute cité ouvrière, chaque maison possédant deux chambres au rez-de-chaussée et deux autres au premier étage.

Les immeubles sont assez bien tenus et l'on s'aperçoit que l'occupant est un travailleur.

En dehors de ce diverticulum, on ne touve plus dans le restant du quartier que des maisons, toutes du même modèle. Au rez-de-chaussée un estaminet ou une cantine ou encore une méchante boutique de cordonnier ou d'épicier, à chaque étage des chambres tristes mal blanchies, dans chacune vit toute une famille. Mais ici encore il existe des lits avec des couvertures et même parfois des draps, une commode, un poêle, une table, des chaises, il y a même des rideaux aux fenêtres; le sol est jonché de sable, on sent qu'il a été fait un effort pour s'arrêter sur le bord de l'abîme, le sentiment de famille persiste : le père et la mère aiment leurs enfants et se priveront du peu qu'ils possèdent pour les petits. C'est l'oasis au milieu du désert ; plus loin le spectacle va brusquement changer et nous n'aurons plus malheureusement sous les yeux que le diorama du vice associé à la misère.

Débouchant de la rue du Jeu-de-Mail on arrive dans la rue des Passerelles, large, aérée, au sol en gravier, faisant face aux remparts. Toute la partie comprise entre le canal de Bergues et les deux tiers ouest de la rue ressemble à ce que nous venons de voir avec cette légère différence qu'on se croirait plutôt à la campagne. La population vit plus dans la rue, et par les beaux jours les habitants aiment à s'asseoir à l'ombre des palissades le long du rempart en face de leur logis.

Il a un an à peine, perpendiculaire à la rue de Lille s'étendait jusqu'à la voie du chemin de fer la ruelle de Lille, étroite, puante, au sol défoncé, aux maisons en contrebas pour la plupart de la chaussée, maisons abandonnées par leurs propriétaires, véritables tanières, aux fenêtres béantes, sans carreaux, habitées cependant par une colonie de malheureux. La fièvre typhoïde s'y était installée en souveraine. Le soir, nul bec de gaz n'éclairait ce cloaque. C'était bien la réalisation du coupe-gorge décrit par tout bon romancier populaire. A la suite de plaintes incessantes du Conseil d'hygiène, la Municipalité prit les choses en mains et, à l'heure actuelle, la ruelle est pavée, pourvue d'eau et de gaz. Les propriétaires ont récrépi leurs maisons et, telle qu'elle est, cette hideuse voie d'antan est redevenue habitable.

Ce n'est du reste que pour mémoire que j'ai cité cet état de choses qui n'a cessé qu'à la fin de 1895 et je suis convaincu que bien peu parmi vous, en allant se promener vers Bergues, se doutaient qu'il existât à deux pas d'eux une ruelle borgne, infecte, digne d'être comparée aux horribles boyaux qui descendent vers la Tamise, à Londres, dans White-Chapel. L'effet attendu s'est réalisé par ces améliorations et la fièvre typhoïde a disparu.

A l'extrémité de la rue des Passerelles, se dirigeant vers la porte de Bourbourg, nous allons tomber sans aucune transition dans la Cour des Miracles de Dunkerque. Le changement se fait d'un coup, et comme logement et comme population. Jusqu'à présent, ce sont des ouvriers sans métier, malheureux, mais susceptibles de sentiments humains.

Ils habitent dans leurs meubles ; rien n'est luxueux, mais la femme a encore des lueurs et des velléités de propreté. Au contraire, dans la cour Codron et dans les deux ou trois autres cours, les hommes sont ou des mendiants, ou des souteneurs, ou des repris de justice. Ceux qui ne le sont pas le deviendront. L'Union libre est érigée en principe avec des amplifications qui étonneraient bien Reclus. Le vice et la prostitution s'associent, y logent en garnis et Dieu sait quels garnis.

Mais n'anticipons pas. Après avoir dépassé le numéro 62 de la rue des Passerelles, on a oublié, semble-t-il, de construire une maison. Un espace vide de dix mètres environ existe et le numéro 66 continue. Cet espace béant inattendu donne accès à la cour Codron.

Vaste quadrilatère d'environ soixante à soixante-dix mètres de long sur dix de large, la cour Codron va en descendant vers le ruisseau des Blanchisseuses qui le sépare de vastes prés appartenant à la minoterie de la rue de Calais. A son entrée à droite et s'y amorçant perpendiculairement sont les cours Depaepe et Walker ne se différenciant en rien des autres habitations de la rue des Passerelles, soit par la construction qui est celle d'une cité ouvrière, soit par la population. Il n'en est pas de même des autres cours situées en bas ou à gauche de la cour Codron, et qui en font absolument partie intégrale comme aspect topographique et comme psychologie. (1)

---

(1) **Cour Codron**

Chambres ou cabinets	58
Hommes	37
Femmes	36
Enfants	87

Puisque nous avons décrit les confins de cet asile du vice, vraie souricière de la police, tâchons d'esquisser les impressions qu'on ressent en y pénétrant. Bordé des deux côtés par une rangée de maisons à un étage à l'aspect misérable et malpropre, le sol est constitué par de la boue que sillonnent deux ruisseaux, véritables cloaques. Pour faire diversion à la monotonie du sol plat, se dressent des monts d'ordure destinés à charmer la vue et l'odorat.

Entrons dans un de ces garnis, le premier à droite. Rien n'est plus repoussant : dans le fond un grabat avec une couverture de couleur indécise, une table graisseuse couverte de verres et de tasses ébréchées, un poêle boiteux sur lequel mijote le divin café, enfin des hardes loqueteuses pendues à quelques clous derrière la porte d'entrée. Les vitres sont remplacées par des papiers gras et huileux. Le sol est en carreaux hydrophobes et jonché de détritus de toutes sortes. Car ici les animaux ont droit de citée : à côté d'un bouledogue féroce tapi dans une cour, un moineau apprivoisé ou des tourterelles faisant entendre par un contraste ironique, leur perpétuel roucoulement d'amour. Et de porte en porte, d'étage en étage, le spectacle est aussi repoussant au moral qu'au physique. Car ici le locataire se passe de l'écharpe du Maire, l'union, je l'ai dit, est libre et changeante presque quotidiennement. Ce spectacle peu banal est encore rendu plus écœurant, quand le couple uni légalement se croit le devoir de s'adjoindre un assesseur aussi ami du mari que de la femme. C'est alors la promiscuité des bêtes qu'a décrit avec tant de talent Zola dans la Terre, et qui répand dans cet intérieur une odeur ammoniacale suffocante.

Je me rappelle encore un de ces taudis interlopes dignes du burin Calot, habité par un ménage que la chanson des rues a rendu populaire : la famille Potjau. C'était une véritable étable où femmes, enfants, amants, au nombre d'une dizaine se partageaient deux couches ignobles.

D'après cette esquisse il est facile de se rendre compte de ce qu'est la population de cette cour. La plupart des hommes se promènent un sac roulé sous le bras, semblant chercher du travail, ceux-là mendient, au besoin volent, les autres boivent, fument et le soir surveillent leurs compagnes qu'ils rouent de coups au besoin. Quant aux femmes, inutile de décrire ici leur genre de labeur et je n'en ferais même pas mention, si un genre d'industrie inavouable ne s'exerçait dans cette cour.

Là une matrone, honorable industrielle, plus soucieuse de se ramasser une jolie fortune que de sauvegarder la morale, tient un salon de marchande à la toilette, fort achalandé. A la tombée du jour, on peut y voir les beautés du cru venir louer pour la soirée qui une paire de bas, qui des souliers, qui une autre partie du vêtement. Et alors, ainsi attifées, ayant l'aspect d'ouvrières honnêtes et propres, on les voit envahir la rue Alexandre III : C'est la descente de la Courtille. Aux moralistes d'y remédier. Tel n'est pas le but de cette ébauche.

Je ne vous ferai pas quitter cette vision des horreurs sans vous signaler un des derniers coins curieux de cette Cour des Miracles. Un des propriétaires de cet immeuble se voit forcé de laisser un grenier ouvert jour et nuit, avec de la paille, pour permettre aux campeurs de se reposer. Accord tacite, convention occulte qui, négligés par le propriétaire, pourraient lui faire craindre un incendie.

Décrire la cour Codron, c'est du même coup vous dépeindre celle du numéro 68. Le local y est aussi peu hygiénique et l'insulaire aussi peu séduisant.

Heureusement, Dunkerque ne possède que ces trois spécimens du vice accolé à la misère et le reste des habitations du quartier, sises quai Saint-Omer, ressemble aux autres maisons décrites dans la rue du Jeu-de-Mail.

Arrivé au terme de cette excursion que peu de nos compatriotes connaissent à fond et pour laquelle il vous a fallu un certain courage à me suivre, il nous reste à rechercher, à l'exclusion des malandrins que nous abandonnerons volontiers à leurs ribaudes, quelles peuvent bien être les causes de cette misère excessive.

A part les adolescents qui travaillent à la filature, la majorité des hommes de ce quartier n'a pas de métier. Comme gagne-pain. ainsi que je l'ai dit, ils n'ont que leurs bras et leurs épaules, ils vivent tous exclusivement du travail du port. Le chargement et le déchargement des navires est donc leur seul gain. Or, pour arriver à s'embrigader dans ce qu'on appelle, un plouf, à Dunkerque, il faut dès quatre heures du matin en été, cinq heures en hiver, consommer dans un cabaret que l'entrepreneur fait gérer par un prête-nom. A ceux qui boivent le plus, revient la chance d'être le plus souvent employés, N'ayant que peu ou pas d'argent dans sa poche, l'ouvrier boit à crédit, et lorsqu'à la fin de la semaine ou de la quinzaine, il faudra toucher le prix de son labeur, une grande partie du salaire restera entre les mains du tenancier, afin de solder la dépense faite au cabaret pendant ce laps de temps. Et comme, d'après un dicton populaire, l'argent roule toujours, ce mouvement rotatoire fera retourner la monnaie dans la poche de l'entrepreneur : solution cruelle, pour le miséreux, du mouvement perpétuel, et cela aux dépens de sa santé et de son cerveau.

Ainsi cet homme, qui d'après les tarifs, devrait gagner des fructueuses semaines se voit réduit à la portion congrue, et pour éviter les reproches de la femme, les cris de faim des petits il se met à boire de nouveau et à s'abrutir. Il perd peu à peu de sa dignité et au lieu de vivre à l'abri du besoin, heureux, avec des gains supérieurs aux appointements du modeste fonctionnaire tenu, lui, au décorum, il se voit acculé par la nécessité. Il devient misérable — et après tout pourquoi tant lutter ? Il aime mieux se précipiter tête première dans la charité publique. Il devient un pensionnaire de l'assistance, sans s'inquiéter de l'avenir. N'a-t'il pas droit à des bons de pain, de viande, de charbon, à des secours en argent. Le médecin, la sage-femme, le pharmacien ont été institués pour le soigner. Se croyant ainsi à l'abri du besoin, l'ouvrier travaille quand il a envie de faire la noce, pour ramasser de quoi boire, et se vend à toutes les sociétés charitables particulières qui sous des dehors philanthropiques cachent souvent des besoins politiques. L'homme est descendu au dernier degré de l'échelle sociale, il a dépouillé sa dignité d'être libre. Il tend la main, il mendie. C'est l'écroulement de toute une existence, une fin de race.

A ce tableau sombre et qui n'est nullement exagéré y a-t-il un remède, une solution pratique ? l'ouvrier est-il pour toujours voué à la déchéance physique et morale ? Je ne le crois pas. Je ne veux nullement ici envisager la question sociale et me faire l'apôtre en cette assemblée de telle ou telle théorie, convaincu que les plus belles sont les plus irréalisables et qu'elles ne servent qu'à mettre sur le pavoi leur promoteur. Ce que je crois, c'est qu'en l'espèce il existerait une solution pratique qui mettrait à l'abri du besoin l'ouvrier du port dont nous nous sommes occupé aujourd'hui. Ce serait la création d'une bourse du travail où on l'embaucherait et où on lui paierait son salaire. Ce serait la suppression de l'intermédiaire, de l'estaminet, et le relèvement du pauvre vis-à-vis des siens et de lui-même.

J'entends d'ici l'objection : l'entrepreneur recrutera son personnel en dehors de la Bourse. Si la chose était possible, ne devrait-on pas l'empêcher par la promulgation d'une nouvelle loi ? ou bien ne pourrait-on tourner la difficulte, grâce à un règlement de voirie bien appliqué ? et par cela même mettre l'ouvrier à l'abri de la misère. Il est en effet indéniable, et contre ce personne ne protesterait, qu'une police bien stylée pour cette besogne se verrait contrainte à chaque instant d'appliquer des amendes à l'entrepreneur qui ne peut jamais éviter complètement les rigueurs du règlement de voirie. Ainsi poursuivi sans relâche, le récalcitrant se résignerait et la solution pratique serait trouvée. C'est de l'autoritarisme poussé à l'extrême certainement, mais qu'importent les moyens, si on parvient à atteindre un but d'une envolée philanthropique aussi élevée.

Telles sont les idées que m'ont suggérées mes neuf années de pratique au milieu de ces malheureux qui souvent sont plus à plaindre qu'à blâmer. Aussi ai-je essayé d'apporter une solution à cette misère combien cruelle et combien anormale dans une ville telle que Dunkerque.

Malgré la peinture réaliste peu attrayante de ces bas-fonds, je n'ai pas hésité à vous y promener et à vous faire toucher du doigt cette plaie hideuse, la misère inadmissible à la fin du siècle qui va disparaître.

Ma hardiesse vous a certainement paru téméraire et j'ai bien peur d'être resté au-dessous de la tâche que je m'étais tracée, inhabile que j'étais en ces sortes de peinture. Cependant, je ne considèrerai pas ma tentative comme inutile si, enhardi par cet essai, un de nos collègues, plus expert en cette matière, se mettait résolument à l'œuvre et trouvait une solution plus pratique, digne de notre Assemblée et de tout bon Français.

Octobre 1896.

GUSTAVE DURIAU.

L'ACÉTYLÈNE

Conférence faite par M. VANESTE, membre titulaire résidant

A deux reprises différentes, l'acétylène a occupé l'attention du monde savant : en 1860, lorsque M. Berthelot effectua la remarquable synthèse de ce corps par l'union directe des éléments Carbone et hydrogène sous l'influence de l'étincelle électrique, en 1894, lorsque à peu près simultanément MM. Moissan en France, Wilsen en Amérique, préparèrent au four électrique le carbure de calcium qui, au contact de l'eau, donne l'Acétylène.

$$C^4 Ca^2 + H^2 O^2 = C^4 H^2 + 2 CAO$$

Les composés organiques ont longtemps été regardés comme créés par des forces mystérieuses appelées forces vitales dont les moyens d'actions étaient supposés tout à fait étrangers à ceux dont on dispose dans les laboratoires, en admettant qu'ils devaient conserver dans leur nature et leurs propriétés le caractère particulier de leur formation, on croyait que ces composés étaient soumis à des lois différentes de celles de la chimie minérale ; par la synthèse de l'acétylène, par une série remarquable de travaux qui en furent la conséquence, M. Berthelot renversa les barrières qui séparaient la chimie organique de la chimie minérale, il démontra que les lois en chimie étaient unes, que les méthodes appliquées en chimie minérale devaient l'être en chimie organique, que toutes deux étaient basées sur les mêmes notions, et cependant il a fallu les travaux de M, Yunfleisch en 1874 sur les acides tartriques pour faire admettre d'une manière définitive l'identité absolue des composés de synthèse avec les produits naturels.

Des composés innombrables ont été créés, les uns identiques avec ceux qui se forment dans la vie des animaux et des végétaux, d'autres inconnus jusqu'alors et qui sont devenus l'origine de grandes industries. La production économique de l'acétylène aura-t-elle pour simple conséquence de chercher à détrôner le gaz de la houille et de faire une redoutable concurrence à l'éclairage électrique? Ne sera-t-elle pas un acheminement vers un but que nous montrait il y a quelque temps M. Berthelot, c'est-à-dire la production synthétique d'un grand nombre de produits naturels que nous retirons aujourd'hui des végétaux et des animaux? ce qui n'est qu'hypothése aujourd'hui pourrait être la réalité demain.

Signalée en 1836 par Davy dans les produits de décomposition du résidu de la préparation du potassium au moyen du charbon et de la crème de tartre, l'Acétylène fut étudié seulement en 1860 par Berthelot, mais obtenu dans des conditions trop onéreuses, il resta un gaz de laboratoire jusqu'au jour où, au moyen du four électrique on réalisa la formation du carbure de calcium, des tentatives de production de carbures alcalins avaient été faites antérieurement mais aucune n'aboutit économiquement; pour obtenir le carbure de calcium on introduit dans le four électrique, formé de deux blocs de pierre calcaire superposés dans lesquels est ménagée une cavité destinée à recevoir un creuset en terre réfractaire, un mélange de chaux et de charbon dans les proportions de 87.5 de chaux et de 56.25 de charbon, et l'on fait passer le courant, sous l'influence de la température de 3000° produit par l'arc électrique, la chaux est décomposée, 2/3 de carbone se combinent avec le calcium, 1/3 avec l'oxygène de la chaux en donnant de l'oxyde de carbone.

$$CA^2 O^2 + 6C = C^4 CA^2 + 2 CO.$$

L'industrie s'est presque aussitôt emparée de cette découverte, des usines ont été installées en Amérique, en Suisse, en Allemagne et en France. On utilise exclusivement les fours électriques ; dans ces derniers temps, on a fait entrevoir qu'il pourrait devenir un sous-produit de la fabrication électrolytique de l'Aluminium. Voici quelques détails sur les conditions de fonctionnement à la Willson Aluminium Company en Amérique.

Les fours sont installés de façon à pouvoir fonctionner d'une manière continue et dans ce but la partie inférieure du four servant de receptacle pour le carbure formé est fermée par un chariot en fer placé sur des rails, le fond est couvert d'une épaisse couche de charbon, Lorsque le chariot est rempli de carbure de calcium liquide, on le retire et on le remplace par un vide. Une opération dure environ trois heures. Le bloc de carbure de calcium obtenu n'est pas uniforme dans sa masse, extérieurement il est recouvert d'un mélange de charbon et de coke, peu adhérent, immédiatement au dessous un enduit de faible épaisseur formé de coke, de charbon et de carbure de calcium. Toute la partie intérieure est constituée par une masse compacte très dense de carbure de calcium.

Ce corps est un sel défini à structure cristalline, de couleur rougeâtre quand il est de bonne qualité, gris noirâtre quand il est de qualité inférieure.

Le coke employé dans la fabrication ne doit pas renfermer plus de 10 o/o de cendres, une proportion moindre est même à rechercher, le charbon de bois donne un carbure très pur, mais à cause de sa légèreté, les gaz l'entraînent dans une proportion considérable, aussi est-il nécessaire d'employer un excédent de 5 à 10 o/o, les houilles grasses et l'anthracite donnent des rendements inférieurs, en qualité et en quantité. La chaux anhydre doit contenir 95 o/o de calcium. elle ne doit pas renfermer plus de 2.5 o/o de manganèse ; ce dernier corps, ne se combinant ni à la chaux ni au charbon, forme un enduit empêchant la combinaison du carbure et de la chaux. Les proportions théoriques données plus haut pour la préparation du carbure pourraient être avantageusement modifiées par une addition de carbone, le produit obtenu renfermant encore de la chaux non attaquée.

Le prix de revient du carbure de calcium à la Wilson aluminium Company est de 125 fr. la tonne, en Europe, ce prix est beaucoup plus élevé. Un kilog.

de carbure donne environ 340 litres de gaz ; le gaz Acétylène obtenu par l'action de l'eau sur le carbure renferme de l'acide sulphydrique et de l'ammoniaque on le purifie de la même manière que le gaz d'éclairage, ou bien en le faisant passer dans une série de flacons laveurs renfermant de la lessive de soude et une solution étendue d'acide sulfurique.

L'Acétylène est un gaz incolore d'une odeur fétide désagréable rappelant celle de l'ail, l'eau en dissout son volume. Il a été liquéfié par Raoul Pictet sous la double influence du froid et de la pression :

A				
1°	sous la	pression de	48	atmosphères.
2°	»	»	50	»
10°	»	»	63	»
18°	»	»	83	»
25°	»	»	94	»
31°	»	»	103	»

D'après les dernières expériences, l'Acétylène provenant du Carbure de Calcium et complètement purifié se liquefierait à O°. Sous une pression de 25 atmosphères à l'état liquide, il est incolore, très-mobile, très-réfringent, plus léger que l'eau dans laquelle il se dissout en grande proportion. Vers O° et en présence de l'eau, il forme un composé blanc neigeux qui se détruit en dégageant de nombreuses bulles gazeuses lorsque la température s'élève ou que l'on abaisse la pression.

L'Acétylène est un composé endothermique, c'est-à-dire que sa formation, en partant des éléments carbone solide et hydrogène gazeux, se fait avec une absorption de chaleur équivalente à 61 Calories, c'est dans ce fait que réside le danger redoutable de ce gaz, d'après les expériences récentes de MM. Berthelot et Vieille, il résulte que, ni l'étincelle, ni la présence d'un point en ignition n'exercent d'action au-delà du voisinage de la région soumise directement à l'échauffement, lorsque ce gaz est soumis à la pression atmosphérique ou à une pression constante, au contraire, lorsque la pression s'accroît et qu'elle est supérieure à deux atmosphères, toute cause d'élévation de température devient dangereuse. Comme conséquences, dans l'attaque du carbure l'eau doit être en excès afin d'éviter des élévations partielles de température ; toute compression brusque, toute dépression brusque déterminant une élévation de température pouvant provoquer l'explosion, la charge et la décharge des réservoirs à Acétylène liquide doit se faire d'une manière régulière, le choc brusque, ou une cause extérieure capable de rompre une bouteille, ne paraît pas devoir déterminer directement l'explosion de l'Acétylène liquide, mais le frottement des fragments métalliques, les uns contre les autres, ou contre les objets extérieurs, est susceptible d'enflammer le mélange constitué par l'Acétylène et l'air, mélange formé consécutivement à la rupture du récipient.

L'Acétylène forme avec les métaux des composés explosifs, les Acétylures alcalins prennent naissance directement, les Acétylures des autres métaux paraissent ne se former que par voie humide.

De tous les carbures gazeux, l'Acétylène est le moins hydrogéné, aussi brûle t-il avec une flamme brillante, mais fuligineuse; pour réaliser pratiquement l'éclairage par l'Acétylène, deux facteurs doivent intervenir : 1° Un bec donnant le maximum d'éclat sans dégagement de fumée ; 2° un réceptacle simple et exempt de tout danger. Examinons rapidement l'état actuel de la question : Les becs sont basés sur deux principes : 1° Faire arriver le gaz sous une forte pression et en quantité, minime par une fente très fine ; 2° mélanger le gaz avec une certaine quantité d'air au moment même de la combustion, c'est-à-dire dans le bec en employant le dispositif des becs de Bunsen réglés, pour obtenir le maximum du pouvoir éclairant, un peu au-dessous du point où la flamme commence à devenir fuligineuse.

On doit reconnaître que l'idéal, c'est-à-dire un bec donnant une combustion sans dégagement de fumée, n'a pas encore été réalisé ; l'un des plus perfectionnés est certainement celui qui a servi à l'éclairage des magasins de nouveautés Jeanne d'Arc, dont l'installation était faite avec les appareils Trouvé. Tout le monde a pu admirer cette flamme remarquable par sa blancheur éclatante, sa fixité et sa constance, le pouvoir éclairant de l'Acétylène est de 15 à 16 fois celui du gaz, on peut obtenir avec un bec un pouvoir de 5 carcels sous une pression de 50 millimètres d'eau avec une dépense de 30 à 35 litres d'Acétylène par heure, certains appareils ne dépensent que 10 à 15 litres par 2 carcels-heure.

Les receptacles pour le gaz varient dans leurs dispositions. suivant qu'ils sont destinés pour les lampes portatives ou pour les gazogènes domestiques alimentant un plus ou moins grand nombre de becs. Tous les modèles construits et ils sont nombreux peuvent se ramener a deux types au point de vue de la production du gaz, ou l'eau arrive sur le carbure de calcium, ou le carbure de calcium tombe dans l'eau, en raison des causes d'explosion pouvant se produire par suite d'une élévation locale de température, les appareils dans lesquels l'eau arrive sur le carbure doivent être complètement rejetés.

Toutes les lampes portatives présentent de graves inconvénients, leur nettoyage, leur préparation exigent des manipulations délicates et fastidieuses, tant à cause de l'odeur de l'Acétylène à l'ouverture de la lampe qu'à cause des résidus dont il faut se débarrasser. On ignore généralement la durée de service d'une lampe, de plus, outre les causes de danger signalées plus haut suivant le système d'après lequel est fabriquée la lampe, il y a lieu de craindre dans toutes les lampes quele commerce met actuellement à la disposition du public, qu'il ne se produise à un moment donné une surproduction de gaz pouvant amener une explosion.

Les gazogènes domestiques sont appelés à rendre des services beaucoup plus certains que les lampes portatives, les canalisations existantes peuvent être utilisées, à défaut, celles à établir seront moins couteuses en raison même du petit diamétre du tuyautage. Ici encore, il faudra rejeter tout système où la production du gaz ne se ferait pas en laissant tomber le carbure dans l'eau.

L'alimentation des réservoirs par l'Acétylène liquide devrait être prohibée, les expériences de Berthelot et Vieille ont démontré combien il est délicat de se servir de ce produit, des accidents sont à redouter par suite des fuites, par mauvais joints, des explosions sont à craindre par l'élévation accidentelle de la température du réservoir.

L'emploi de l'Acétylène comme gaz d'éclairage n'est pas encore entré dans une voie complètement pratique, les systèmes mis entre les mains du public ne sont pas exempts de danger ; des perfectionnements sont nécessaires et malgré les accidents survenus, il faut se garder de conclure d'abandonner son emploi, car il est incontestable qu'il présente sur les autres modes employés de nombreux avantages.

Des essais ont été tentés pour utiliser l'Acétylène comme force motrice, il présente, en effet les phénomènes suivants : grande vitesse de propagation de la flamme, une température très basse d'inflammateur 480°, une température très élevée de combustion, 4.000° lorsqu'on le brûle avec son volume d'Oxigène. M. Ravel à qui sont dues les principales expériences conclut de la manière suivante : le gaz acétylène employé à forte dose dans le mélange détonant ne donne que peu de travail utile à cause de l'explosion brisante qui se produit ; dilué dans une masse d'air ce gaz ne fournit plus assez de calorique pour élever suffisamment la température de la masse gazeuse et donner à celle-ci, par son expansion, le travail dans des conditions économiques.

Enfin le gaz liquéfié est utilisé comme source de froid, dans certaines industries, de même que l'acide carbonique, l'Acétylène développe en se vaporisant un froid intense.

Au point de vue chimique, l'Acétylène est un carbure non saturé, c'est-à-dire qu'il peut donner naissance à des composés par addition : « il se combine soit avec son volume, soit avec deux fois son volume, à l'état gazeux, de corps simples ou composés non saturés, cette propriété de l'Acétylène est exprimée clairement par la formule suivante :

$$C^4 H^2 (—) (—)$$

en se combinant par ex, avec son volume d'hydrogène il donne l'Ethylène

$$C^4 H^2 (—) (—) + H^2 = C^4 H^2 (H^2) (—)$$

avec deux fois son volume d'hydrogène, on obtient l'hydrure d'éthylène

$$C^4 H^2 (—) (—) + 2 H^2 = C^4 H^2 (H^2) (H^2)$$

il donne également des produits de substitution par le remplacement d'un ou deux équivalents d'hydrogène par un ou deux équivalents d'un autre corps. tels les acetylure de potassium, de calcium :

$$C^4 H K , C^4 K^2$$

$$C^4 H CA , C^4 CA^2$$

ce dernier plus connu sous le nom de Carbure de Calcium; il peut donner simultanément des produits d'addition et de substitution, tels sont les composés formés avec les oxydes de certains métaux, ils résultent de la substitution d'un métal à de l'hydrogène et addition d'un oxyde

$(C^4 H CU^2)$ o oxyde de cuprosacétyle

$(C^4 H CU^2)$ cl. chlorure de cuprosacétyle

Nous avons déjà vu que l'Acétylène est un composé endothermique, c'est à cette circonstance qu'il jouit de la propriété de se comporter comme un véritable radical dans la plupart de ses réactions, ce fait rend également compte de la facilité avec laquelle ce corps se polymérise sous l'influence de la chaleur il produit la benzine $C^{12} H^{6}$ ou 3 $C^{4} H^{2}$ le styrolène $C^{16} H^{8}$ ou 4 $C^{4} H^{2}$ l'hydrure de naphtaline $C^{20} H^{10}$ ou 5 $C^{4} H^{2}$, il se combine avec d'autres carbures pour donner de nouvelles séries.

L'Acétylène doit être considéré comme le générateur des carbures qui, eux-mêmes, sous l'influence d'actions oxydantes, donnent les alcools, les aldéhydes, les acides, ceux-ci en réagissant les uns avec les autres, les alcools avec les alcools, les alcools avec les acides, donnent les éthers, l'action de l'ammoniaque sur les alcools, les aldéhydes, les éthers, les acides donne les alcalis et les amides. Faire l'historique chimique complet des dérivés de l'Acétylène serait passer en revue les innombrables composés de la chimie organique, aussi me contenterai-je de ces quelques idées générales et terminerai-je cet exposé déjà long en donnant quelques détails sur une réaction importante de l'Acétylène, réaction qui, dans un avenir peut-être rapproché, sera la base de la fabrication synthétique de l'alcool.

L'Acétylène, mis en présence de certains protoxydes s'empare de l'hydrogène de l'eau et produit de l'éthylène $C^{4} H^{4}$ qui agité avec de l'acide sulfurique donne de l'acide sulfovinique.

$$C^{4} H^{4} + S^{2} O^{8} H^{2} = (C^{4} H^{4}) S^{2} O^{8} H^{2}$$

au contact de l'eau, ce dernier corps se transforme en alcool et régénère l'acide sulfurique.

$$(C^{4} H^{4}) S^{2} O^{8} H^{2} + H^{6} O^{2} = C^{4} H^{6} O^{2} + S^{2} O^{8} H^{2}$$

Dans une étude publiée il y a quelques mois dans

la Nature, M. Villen a exposé les expériences faites au point de vue de la réalisation industrielle de cette réaction de laboratoire. Pour transformer l'Acétylène en éthylène, il emploie, comme M. Berthelot, le sulfate de protoxyde de chrome ammoniacal, Mais au lieu de se servir de zinc ou de fer et de l'acide sulfurique pour ramener à l'état de protoxyde le chrome qui s'est peroxydé dans la réaction, il opère cette réduction en utilisant l'hydrogène naissant dégagé par l'électrolyse de l'eau. Aussi le réactif transformateur conserve toujours son activité originelle et agit, d'une manière continue, sur une quantité indéfinie d'Acétylène. L'acide sulfovinique obtenu, étendu d'eau, soumis à la distillation dans une simple colonne à distiller, donne de l'alcool vinique à 90.95°, tout à fait pur, ne renfermant aucune des substances étrangères, aldéhydes, alcools divers que l'on rencontre dans les alcools de fermentation et qui sont le résultat de réactions secondaires ou de la présence de ferments étrangers.

Le prix de revient de l'alcool de synthèse serait actuellement de 0.35 le kil., prix qui s'abaisserait jusqu'à 0.25 et 0.20 le kilog au fur et à mesure que le prix de revient du carbure de calcium diminuerait lui-même.

La fabrication synthétique industrielle de l'alcool est-il le seul corps que l'on pourrait obtenir en partant de l'Acétylène, l'étude chimique de ce corps est là pour montrer le contraire, aussi en terminant ne puis-je m'empêcher de rappeler ce que je disais au commencement de cette lecture : La préparation industrielle de l'acétylène aura-t-elle pour simple conséquence de chercher à détroner le gaz de la houille et de faire une concurrence redoutable à l'éclairage électrique, ne sera-t-elle pas un acheminement vers ce but que nous montrait M. Berthelot, c'est-à-dire la production synthétique d'un grand nombre de produits naturels que nous retirons aujourd'hui des végétaux et des animaux ?

LA BATAILLE DU YALOU[1]

Son influence sur la Marine Moderne

PAR

M. Henri TERQUEM, Membre titulaire

On a dépensé depuis cinquante ans des centaines de millions à construire pour notre marine des vaisseaux de toute espèce : cuirassés à ceintures lourdes qui font d'eux des citadelles flottantes propres à la défense, incapables d'attaquer, des vaisseaux réputés rapides au moment de leur mise en chantier, mais dont la vitesse était bientôt surpassée, des batteries flottantes, des bateaux-béliers, des bateaux-canon, des torpilleurs, des contre-torpilleurs, des sous-marins... Peu à peu tout cela a passé ou passera en seconde catégorie sans avoir éprouvé le feu de l'ennemi, et, après des discussions sur la valeur des différents systèmes de marine de guerre, on en était récemment encore à se demander, ce que, dans l'éventualité d'une guerre, on pouvait attendre des constructions en tous genres composant les flottes européennes.

(1) Les renseignements à l'aide desquels ce travail a été fait ont été puisés principalement dans les journaux anglais parus au moment de la guerre Sino-Japonaise, qui donnaient de grands détails sur les armements respectifs, la valeur des flottes et les épisodes du combat.

On a vanté l'utilité des torpilleurs, on a construit des navires à coque double pour annihiler l'effet de la torpille ; on a muni les navires de filets Bulivan, on a inventé un système de cisaille pour les couper..... et ainsi de suite à chaque nouvel instrument de protection a correspondu l'invention d'un instrument d'attaque plus puissant.

Tout cela a été discuté, essayé en escadre, mais comme on n'a jamais essayé de lancer une torpille chargée sur un navire à coque double, ni tiré un projectile sur un cuirassé, qu'on n'a, en un mot que manœuvré, on n'a aucune notion précise, sur les valeurs respectives des nouvelles inventions. (1)

Il est curieux en effet de remarquer que depuis Trafalgar et Algésiras, les derniers combats qu'ait livré la marine à voile, on n'ait plus jamais rencontré en face l'une de l'autre, deux flottes de nations puissantes. On a passé de la marine à voiles construite en bois et des canons en bronze se chargeant par la bouche, aux vapeurs, aux cuirassés, aux torpilles, aux canons à tir rapide et à longue portée avec des calibres auxquels on n'ose songer sans frémir, sans que depuis le temps qu'on gaspille de l'argent sur ce terrain mouvant, rien ne soit venu confirmer les impressions ou les espérances des ingénieurs.

Il y a trente ans, à Lissa, dans la bataille qui sembla favorable aux Autrichiens, dans la guerre

(1) Depuis 1880, l'Angleterre a lancé 38 cuirassés et 102 croiseurs ; la France, 13 cuirassés et 38 croiseurs ; la Russie, 13 cuirassés, 9 croiseurs ; l'Allemagne, 8 cuirassés, 18 croiseurs ; les Etats-Unis, 6 cuirassés, 26 croiseurs ; l'Autriche, 3 cuirassés, 3 croiseurs ; l'Espagne, 5 cuirassés, 26 croiseurs ; l'Italie, 9 cuirassés, 15 croiseurs.

Austro-Italienne, le coup d'éperon du *Herzherzog Ferdinand-Max* coulant le *Re d'Italia* étonna tout le monde (1), et actuellement, l'armement a tellement changé qu'on ne peut tirer aucune conclusion de ce fait d'armes. Depuis ce temps, quelques petits combats n'ont fourni aucun enseignement ; les batailles de la guerre du Chili et du Pérou, la résistance de l'amiral de Gama du Brésil, ont mis en ligne trop peu de navires pour qu'on ait seulement « manœuvré ».

En effet, sur mer comme sur terre, c'est de la manœuvre que doit résulter la victoire. — « *La victoire est aux armées qui manœuvrent* » — a dit le plus grand tacticien du siècle, Napoléon Ier. Sur terre, il nous a montré la vérité de l'axiome qu'il a posé, mais sur mer, c'était un système en vogue, il y a encore peu de temps que de croire, que la supériorité tenait soit à l'épaisseur des éléments de protection, soit à la puissance des engins de destruction.

Il a été donné aux peuples d'Extrême-Orient d'être les premiers instructeurs de l'Europe savante et civilisée, et, après avoir puisé chez nous leur instruction technique, de nous montrer d'une façon

(1) Le « *Re d'Italia* » était un navire en fer blindé, le plus nouveau modèle à cette époque, construit en France pour l'Amérique du Sud et vendu à l'Italie. Il fut renversé par le choc que lui causa l'abordage du « *Herzherzog-Ferdinand Max* », l'eau embarqua par les sabords et il coula..... L'« *Herzherzog-Ferdinand-Max* » était un navire en bois blindé d'un type bien inférieur au « *Re d'Italia* ».

efficace, quel parti il y avait à tirer des instruments dont nous les avions dotés.

C'est du 17 décembre 1894, qu'on a commencé à apprécier réellement la valeur de la cuirasse et de la vitesse, de la torpille et du canon ; c'est de la bataille du Yalou livrée entre les Chinois et les Japonais que datent les premières notions pratiques que nous puissions avoir sur l'utilité respective des éléments de notre flotte.

En analysant brièvement les différents épisodes du combat livré en face de la rivière du Yalou, nous verrons quels enseignements utiles peuvent être tirés de la destruction d'une partie de l'escadre chinoise et de la mise hors de combat du *Matsousima* vaisseau amiral japonais.

On appréciera ainsi la supériorité de la construction, supériorité de la vitesse sur la cuirasse, des canons à tir rapide et à petit calibre sur les canons à gros calibre... et on pourra tirer des conséquences pratiques pour la construction et l'armement des nouveaux navires.

Au mois de septembre 1894, l'amiral Ting, officier d'une réelle valeur, au dire même d'officiers anglais au service de la chine, commandait la flotte chinoise du Pe-tchi-li. Il avait sous ses ordres les meilleurs navires composant la marine du céleste empire, navires construits en Europe de 1880 à 1891 d'après les idées récentes.

C'étaient : Le *Ting-Yuen* et le *Chen-Yuen* cuirassés de 7.500 tonnes environ lancés en 1882 et 1885 à Stettin. Ces deux navires avaient donné à leurs essais une vitesse de 12 à 14 nœuds qu'ils n'étaient plus capables de fournir à l'époque que nous considérons. Leur ceinture cuirassé était de 35 c/m 4 et ils étaient armés de 4 canons de 30 c/m 5. Krupp.

Puis deux croiseurs cuirassés de 3000 tonnes : le *Ping-Yuen* et le *Laï-Yuen* ayant donné 15 nœuds avec ceinture de 24 c|m., canons Krupp de 21 c|m. Une canonnière cuirassée de 2.200 tonnes, le *King-Yuen*, construite en 1889, ayant 20 c|m. de ceinture, 10 nœuds de vitesse, 1 canon de 26 c|m., deux de 15 c|m., et 8 à tir rapide.

Enfin, cinq croiseurs protégés devant filer 15 à 18 nœuds et 6 torpilleurs (1).

On voit que c'était là une flotte relativement considérable. Cependant on se rendra immédiatement compte que la flotte japonaise devait avoir une supériorité évidente sur celle de ses adversaires, quand on saura qu'en 1886 seulement, le gouvernement japonais décida de dépenser 60 millions pour doter son pays d'une marine de guerre puissante.

---

(1) La liste complète est la suivante :
Le *Ting-Yuen*, le *Chen-Yuen*, le *Lai-Yuen*, le *Ping-Yuen*, le *Ching-Yuen*, le *Chih-Yuen*, *le King-Yuen*, le *Tchao-Yang*, *le Yang-Ouéi*, *le Kuang-Ping*, le *Kuang-Ki*.

C'est à un ingénieur français, M. Bertin, que revient l'honneur d'avoir organisé cette puissance navale sur des données qui lui sont propres et qui assurèrent la supériorité aux Japonais.

La caractéristique du système de M. Bertin est la suppression de la ceinture cuirassée qui allourdit le navire au point de réduire sa vitesse dans de notables proportions. La ceinture est remplacée par une tranche cellulaire de deux mètres environ ; cette tranche s'étend sur tout le navire à hauteur de la flottaison et au-dessus du pont blindé.

Les projectiles peuvent pénétrer cette tranche, mais leurs ravages sont localisés, l'eau ne pouvant envahir que quelques cellules déjà remplies de matière légère, liège ou cellulose. En cas de grosse avarie, explosion de torpille remplissant la cale d'eau, on a un immense caisson qui suffit à faire flotter le navire.

Naturellement M. Bertin ayant le champ libre appliqua à la flotte japonaise le système dont il était l'inventeur, système qui avec une supériorité de vitesse, permet néanmoins de porter un armement considérable. Chose remarquable, des chantiers organisés au Japon mirent à flot des navires construits d'une façon aussi parfaite qu'ils auraient pu l'être en Europe.

L'amiral Ito commandant la flotte du Japon avait sous ses ordres trois navires de 4,200 tonnes : Le *Matsousima,* l'*Itskousima*, l'*Hasidaté* armés de un canon de 32 centimètres placé dans une tourelle de 30 centimètres de cuirasse ; 11 canons Armstrong à tir rapide de 12 centimètres et 18 canons genre

Hotchkitz protégés par des masques. Ces navires filaient 17 nœuds. Un navire de 2400 tonnes le *Tijoda* filant 19 nœuds,armé de 11 canons de 12 centimètres à tir rapide, et de 16 canons revolver ; le *Fou-So* croiseur relativement ancien, sans protection ; le *Nanwa*, l'*Akitsonsima*, le *Yoshmo*, l'*Hiyeï*, le *Tohatüho* croiseurs protégés de 18 à 22 nœuds ayant un armement à tir rapide, enfin le *Sayko* paquebot armé de 4 canons et 14 torpilleurs.

Après cette simple énumération des forces en présence, on peut voir combien les deux éléments d'attaque et de défense différaient. Du côté des Japonais, des navires peu protégés, doués d'une grande vitesse, et armés surtout d'une artillerie de moyen et de petit calibre *à tir rapide*.

Du côté des Chinois, au contraire, des navires lourds, peu rapides, de construction mélangée fer et bois, munis surtout de grosses pièces et manquant de canon de calibre moyen à opposer à leurs adversaires.

Si on veut tenir compte de la supériorité morale, de la discipline, de l'esprit d'initiative et de l'ambition des japonais, on conclura tout de suite que la victoire devait leur être assurée. Néanmoins le combat fut long et leurs puissantes qualités manœuvrières réduisirent les chinois à un rôle purement passif.

L'amiral Ting avait reçu pour mission de débarquer dans la baie du Yalou des troupes Chinoises. Les transports étaient à leur postes de débarquement et le gros de l'escadre se tenait au large de la baie sous pression. Le débarquement étant presqu'achévé le 17 septembre au matin, quand survint l'escadre Japonaise.

Quand l'amiral Ting fut informé de l'approche de l'ennemi, il eut une hésitation : resterait-il à l'entrée de la rivière, adossé à la terre dans une position purement défensive pour protéger le débarquement, ou, au contraire, prendrait-il les devants et irait-il attaquer la flotte japonaise pour la recontrer en pleine mer et prévenir son arrivée près du lieu de débarquement. N'ayant pris aucune des deux résolutions, il s'avança sous petite vitesse au devant des japonais, n'ayant qu'une formation irrégulière, une ligne convexe formant un croissant assez fermé dont les deux grands cuirassés occupaient le centre, les navires protégés placés aux ailes (1) En arrière à quelques milles le *Kouang Ting*, croiseur torpilleur, le *Ping Yuen*, croiseur cuirassé, ainsi que les torpilleurs suivaient le mouvement de la première ligne.

Devant cette formation compacte, l'Amiral Ito mit à exécution un plan aussi difficile à exécuter que décisif. Il fallait contourner la flotte chinoise, se maintenir toujours à assez grande distance et arriver à la prendre entre deux feux. De cette façon, en manœuvrant constamment, on réduisait l'adversaire à une immobilité relative qui augmentait la précision des artilleurs (2).

(1) Plus tard les chinois se formèrent en ligne de file, puis manœuvrèrent isolément sans cohésion ; l'amiral Ting ne pouvant plus donner d'ordres, ayant toutes ses drisses coupées.

(2) L'amiral Ting avait ouvert le feu à 4.000 mètres. L'amiral Ito s'avança jusqu'à 3,000 mètres avant de riposter pour ne pas gaspiller de munitions.

Le mouvement s'exécuta avec une précision remarquable, et durant tout le combat, les chinois furent selon l'expression anglaise : *«out manœuvred»*.

L'escadre japonaise, formée en ligne de file, faisant des lacets pour maintenir sa distance de combat, présentant toujours à ses adversaires ses flancs largement garnis de canons à tir rapide, cribla littéralement les chinois de projectiles. On arriva à bord d'un navire japonais à tirer 100 coups à la minute (1)

Sans insister d'une façon plus détaillée sur les différents épisodes de la lutte, il en est un cependant qui mérite au plus haut point d'être signalé. L'escadre japonaise était accompagnée d'un vieux croiseur l'*Hiyéi*, lancé en 1877, ayant marché 13 nœuds, d'une petite canonnière de 600 tonnes, l'*Akagi* de 15 nœuds et enfin d'un vapeur de commerce le *Saykio*. Ces trois vaisseaux devaient rester en dehors de la lutte et s'éloigner du théâtre du combat. On a à leur reprocher une désobéissance qui faillit leur coûter cher, mais rachetée par un héroïsme digne des plus grands éloges.

---

(1) Après la bataille, l'amiral Ting annonça à son gouvernement qu'il était victorieux — s'il s'était déclaré vaincu, il n'aurait eu qu'à se tuer, ce qu'il fit d'ailleurs plus tard avant de rendre sa flotte à Wei-Hei-Wey. On sait en effet qu'il faut toujours qu'un chinois « *garde la face* », c'est-à-dire ait l'air d'avoir eu gain de cause. Quand un événement lui est défavorable, il trouve moyen de le raconter de façon à « *garder la face* ». Ici ce fut facile. L'amiral Ting avait reçu mission de convoyer et débarquer des troupes ; il l'avait fait. Pour protéger le débarquement, il avait livré une bataille désastreuse, mais l'opération s'était effectuée, il était donc vainqueur !

Au moment où la flotte japonaise avait tourné l'aile de l'escadre chinoise, les trois petits navires marchant à faible vitesse se trouvèrent isolés de l'autre côté de la ligne de combat. Les chinois croyant voir là une proie facile dirigèrent tous leurs feux sur eux. Ils n'avaient qu'une ressource, c'était de fuir car ils ne devaient plus songer à suivre le mouvement du reste de la flotte en défilant devant les chinois pour aller tourner l'aile. Mais il y avait mieux à faire pour des hommes fortement trempés. Les trois petits navires marchèrent résolument sur la ligne chinoise, se lancèrent avec tout ce qu'ils avaient de vitesse vers les cuirassés qui occupaient le centre.

Le commandant du *Chen-Yuen* craignant un coup d'éperon ou tout au moins un abordage, écarta son navire,et,au milieu d'une grêle de projectiles, mutilés mais ayant glorieusement accompli un acte héroïque, les trois navires avaient franchi la ligne chinoise et rejoint leur escadre.

Ils avaient passé à 50 mètres du *Chen-Yuen* qui avait lancé ses torpilles, mais la distance de tir étant trop faible, n'ayant pas encore corrigé la déviation causée par les plongée initiale, les projectiles avaient passé sous les japonais sans les atteindre.

Voyons maintenant au point de vue des avaries subies de part et d'autre. les résultats obtenus et les conclusions à en tirer.

Du côté des chinois, le *Yang Ouei* se met à la côte

ayant le feu à bord (1) ; Le *Tcho-Yang* se met sur une roche, combat quelque temps dans cette position et finit par couler. Le *Tsi-Yuen* et le *Kouang-Yi* criblés de projectiles quittent le combat, mais sans avarie moyenne. Le *Laï-Yuen* brûle à l'arrière, le *Chen-Yuen* et le *Ting-Yuen*, les deux cuirassés ont le feu à bord et sont obligés de détourner du combat une partie de l'équipage pour arrêter l'incendie. Le *King-Yuen* brûle, et le feu gagnant les soutes, il saute ; le *Chih-Yuen* et le *Laï-Yuen*, malgré leur protection de 24 c/m sont coulés par les projectiles.

De toute cette belle flotte chinoise, il ne restait de valides ou à peu près que les deux vaisseaux cuirassés qui, ayant éteint leurs incendies pouvaient se maintenir au combat ; quatre navires coulés, un à la côte, tel est le bilan de la journée.

Du côté des japonais, peu d'avaries, et, sauf celle du *Matsousima*, rien de grave. Le *Matsousima* fut atteint de deux projectiles, dont l'un fit sauter dans la batterie une provision de gargousses et tua beaucoup de monde (2), l'autre atteignant au tourillon une pièce de 32, la rejeta hors de l'affût et démolit tout aux environs. D'autre part, presque tous les japonais eurent le feu à bord, mais, pourvus de pompes puissantes et d'équipages disciplinés, ils s'en rendirent facilement maîtres.

---

(1) En revenant le lendemain sur le théâtre du combat, les japonais achevèrent sa destruction d'un coup de torpille. Ce fut la seule tirée par eux.

(2) Pour faciliter la rapidité du tir, on avait accumulé près des pièces dans la batterie des quantités de munitions, c'était une imprudence surtout dans une batterie non compartimentée.

A bord de ceux des navires qui portaient des superstructures élevées, tout fut rasé, les mâts même coupés.

Dans tout ce combat, quel avait été le rôle joué par les différents éléments d'attaque et de défense, cuirasse, torpille, canon et vitesse?

Seuls les deux grands cuirassés chinois étaient restés sans être entamés; ils flottaient à la fin du combat, mais avec des équipages réduits, tous les boisages brûlés, leur protection intacte il est vrai, mais fut bien dangereux.

Du côté des japonais, pas un navire coulé, (1) et cependant ils ne sont pas cuirassés; mais les projectiles les ont peu touchés; doués d'une grande vitesse, ils deviennent pour les chinois des cibles difficiles à atteindre, et d'ailleurs un projectile les eut-il traversés que leur tranche cellulaire aurait empêché leur perte. (2)

Instruments de défense, les cuirassés chinois ont pu regagner Port-Arthur puis Weï-Hei-Wey d'où ils ne sortirent plus que pour aller, prisonniers, grossir l'effectif de la marine japonaise. (3) Doués d'une

(1) Tous ont pu réparer leurs avaries à la mer, sauf le *Matsousima*.

(2) Le Parlement Japonais, désireux de rendre la puissance navale de son pays de plus en plus redoutable, a voté un projet de constructions neuves comprenant 123 navires.

(3) Sauf le *Ting-Yuen* qui, atteint de deux torpilles dans la remarquable attaque de la rade de Weï-Hei-Wey par les torpilleurs japonais, essaya, malgré ses avaries, de forcer la passe. Pendant ce mouvement il fut atteint par un projectile plein de gros calibre tiré des batteries de côte tombées aux mains des japonais. Plusieurs autres navires chinois furent torpillés et coulés à Weï-Hei-Wey.

vitesse réduite à cause du poids dont ils étaient surchargés, ils n'auraient jamais pu se rendre maitres des navires japonais qui, avec leur rapidité de mouvement les évitaient constamment et leur portaient des coups terribles.

Le rôle de la torpille fut presque nul, soit inhabileté des chinois ou toute autre raison, aucune de leurs torpilles ne porta ; d'ailleurs à bord de certains navires ils les jetèrent à l'eau de crainte qu'un projectile ne vint les faire éclater dans leurs tubes. (1)

Tous les résultats décisifs furent dus à l'artillerie, et à l'artillerie à *tir rapide*. S'il est vrai que deux projectiles de 30,5 des chinois causèrent des avaries graves, combien furent tirés en pure perte !

Au contraire, du côté des Japonais c'était une pluie de fer qui était lancée par leur multitude de canons à tir rapide dont les coups répétés démoralisaient et avariaent considérablement les chinois.

Quant à l'éperon, il n'a pour ainsi dire joué aucun rôle, les japonais ayant toujours pu, grâce à leur vitesse, maintenir une grande distance de combat ; il a cependant eu une influence indirecte sur la manœuvre. Quand les trois petits navires japonais se

(1) Le commandant de la canonnière *Akaki*, surveillait de la hune les trajectoires des torpilles et les signalait au moyen de pavillons à la flotte japonaise qui les évitait. Malheureusement un projectile atteignit le mât et le commandant fut tué dans la chute. Aux attaques de nuit de la rade de Wei Hei Wey les torpilleurs japonais furent remarquables ; ils manœuvrèrent admirablement et coulèrent 3 cuirassés, une canonnière sans compter les avaries graves causées aux autres.

lancèrent à corps perdu pour forcer la ligne chinoise l'*Akagi* qui ayant été atteint à son appareil de direction gouvernait seulement avec ses hélices, fit une embardée brusque dans la direction du *Chen-Yuen*; on vit ce gros cuirassé fuir devant la petite canonnière craignant un abordage. C'est d'ailleurs grâce à ce manque de sang-froid du commandant chinois que les japonais purent passer.

C'est principalement à la vitesse que l'amiral Ito dut la victoire, manœuvrant sans cesse à une distance de deux à trois milles, maintenant sa distance de combat par des lacets bien calculés, il ne pouvait voir sa manœuvre contrariée par celle des chinois qu'il évitait et qu'il tournait à son aise.

Quel sera donc l'idéal du navire de guerre moderne si l'on veut tirer un enseignement de l'exemple du Yalou. La cuirasse serait, semble-t-il, condamnée pour les croiseurs, pour les escadres actives qui doivent parcourir les mers au large; elle reste utile à la défense directe des côtes et des rades pour former des citadelles flottantes, instruments de défense et non d'attaque. (1)

(1) « Il est évident, dit M. du Vignaux, ingénieur des for-
« ges et chantiers de la Méditérannée, que les poids consi-
« dérables immobilisés à bord des bâtiments blindés —
« surtout pour les ceintures cuirassés — seraient employés
« beaucoup plus utilement, à déplacement égal, à augmen-
« ter l'artillerie et à accroître la vitesse et le rayon d'ac-
« tion du navire. Sans cela la guerre navale ne sera ja-
« mais qu'une lutte sanglante, de laquelle chacun se retirera
« meurtri et désemparé hors d'état de reprendre la mer
« sans victoire certaine. Comme on l'a dit très justement :
« *les armes défensives retardent la défaite, les armes*
« *offensives seules donnent la victoire.* »

La supériorité du canon à calibre moyen et à tir rapide criblant l'adversaire, le démoralisant sans lui laisser le temps de se reconnaître sur le gros canon envoyant ses projectiles à intervalle assez éloigné n'est plus contestable. Cependant, il faut éviter les approvisionnements de gargousses aux environs des pièces, — on l'a vu par l'accident du *Matsousima*. (Nous verrons plus loin comment les anglais approvisionnent les pièces rapidement et sans danger.)

L'éperon garde son rôle en donnant à un navire désemparé mais non atteint dans ses organes moteurs et de direction une supériorité incontestable sur un adversaire atteint précisément à l'une de ces parties.

Et maintenant si nous voulons savoir comment on tire parti des leçons de la guerre, il suffira de faire la description des deux croiseurs anglais lancés en 1895. Le *Terrible* et le *Powerfull*. On se rendra compte immédiatement combien nos voisins hésitent peu à apporter à leurs navires les dernières modifications dictées par l'expérience.

Ces deux navires ne sont pas cuirassés ; ils ont un pont blindé à l'intérieur en forme de voute et qui rejoint les flancs à plusieurs pieds au dessous de la flottaison. Les soutes à charbon placées au-dessus augmentent encore la puissance de protection en formant une couche épaisse qui amortira considérablement le choc du projectile quand après l'avoir traversée il atteindra le pont lui-même. Les organes moteurs sont entièrement protégés ainsi que les soutes à munitions. Les tubes lance-torpilles sont placés sous le pont de sorte qu'il n'y a aucun danger de voir un projectile atteindre la torpille dans son tube. D'autre part, cette situation du tube à profondeur d'immersion supprime la déviation causée par la plongée initiale.

La vitesse de ces croiseurs doit atteindre 22 nœuds et est produite par des machines développant 25.000 chevaux. Ces machines tiennent d'ailleurs environ la moitié de l'espace libre sous le pont cuirassé.

Leur artillerie comprend 17 canons de 75 m/m, 12 canons de 47 m/m à tir rapide, mais pour éviter l'accumulation des gargousses près des pièces pendant le tir et le renouvellement de l'accident du *Matsousima* les pièces sont approvisionnés directement de la soute au moyen de tubes blindés.

Ces navires ont 90 mètres de long et déplaçant 14.200 tonnes.

On voit quels terribles instruments de combat les anglais ont entre les mains ; on constatera d'après les indications données ci-dessus qu'aucune des déductions que l'on peut tirer du combat du Yalou n'a échappé aux constructeurs de l'Amirauté (1).

(1) A titre de comparaison nous pouvons voir quels croiseurs les différentes puissances auraient à opposer à la flotte anglaise.

En France nous avons 8 croiseurs de 1re classe de 16 à 19 nœuds dont l'armement comprend surtout de nombreux canons à tir rapide ; deux sont en chantiers, le *d'Entrecasteaux* et la *Jeanne d'Arc* ; les plans de ce dernier navire sont dus à M. Bertin le constructeur de la flotte japonaise. Sa machine développera 13.500 chevaux ; ces deux croiseurs seront terminées en 1899 ; nous avons et nous aurons d'ici peu 18 croiseurs de 2e classe la plupart de 18 à 20 nœuds, enfin 8 croiseurs récents de 3e classe de 19 à 20 nœuds. Notre flotte sera d'ailleurs bientôt dotée d'un matériel remarquable. Cette année aura vu achever le *Charles-Martel*, le *Carnot*, le *Jauréguibéry*, cuirassés d'escadre ; les croiseurs de 1e classe *Bruix*, *Pothuan*, de 2e classe, *Descarte*, de 3e class, *Gallilé*, le croiseur-torpilleur

Quoiqu'il en soit, il est curieux que les japonais aient été les premiers à inaugurer un système nouveau en adoptant uniquement les navires protégés à grande vitesse, à la place des cuirassés, et que notre vieillè Europe soit obligée de puiser des instructions chez les peuples les plus récemment acquis à notre civilisation.

HENRI TERQUEM.

Fleurus, le sous-marin *Morse*, un torpilleur de haute-mer, le *Mangini* et 6 autres torpilleurs. — En 1897 nous aurons les cuirassés *Bouvet* et *Masséna* le croiseur de 1re classe *d'Entrecasteaux* les croiseurs de 2e classe *Pascal*, *du Chayla*, *Cassart*, *Catinat*, *d'Assas*, les croiseurs de 3e classe *Lavoisier*, *d'Estrée*, *Infernet*, deux torpilleurs de haute mer, 1 contre torpilleur et 4 torpilleurs. En 1898 le cuirassé *Charlemagne*, les croiseurs rapides *Guichen* et *Chateaurenault* un croiseur de 2e classe *Protet* et différents avisos et canonnières. En 1899 les cuirassés *St-Louis* et *Gaulois* un croiseur de 1re classe, un de 2e classe, un de 3e classe. En 1900 le cuirassé *Henri IV*, le croiseur *Jeanne d'Arc*, sans compter ceux qu'on mettra peut-être en chantier si de nouveaux crédits sont accordés. En Angleterre, au *Terrible* et au *Powerfull* il y a lieu d'ajouter 7 croiseurs cuirassés filant de 17 à 18 nœuds, 15 croiseurs protégés filant 20 nœuds, 46 croiseurs de 2e classe de 18 à 20 nœuds et 4 en construction, sans compter les navires de vitesse inférieure. L'Allemagne ne possède que 6 croiseurs de 18 à 20 nœuds tous pareils, navires de 105 mètres, de 4,100 tonneaux, 9,800 chevaux et 4 autres croiseurs de même vitesse de types divers.

L'Autriche a 4 croiseurs de 17 à 20 nœuds ; l'Espagne a 2 croiseurs de 20 nœuds ; les Etats-Unis ont la vitesse moyenne la plus grande. Ils possèdent en effet 10 grands croiseurs filant de 18 à 21 nœuds, et 6 autres filant de 15 à 18. Le *Colombia* a donné jusqu'à 25n30 sur un parcours de 8 milles et 22n81 pendant 4 heures. Au retour des fêtes de Kiel, il revint de Needles à Sandy-Hock en 6 jours et 23 heures, soit une vitesse moyenne de 18n41.

L'Italie outre 7 cuirassés donnant de 18 à 19 nœuds possède 28 croiseurs de 500 à 4.000 tonnes filant de 17 à 23 nœuds.

Quant à la Russie, outre les quelques croiseurs qu'elle possède, elle se verra bientôt à la tête d'une des plus belles marines. Le Czar a approuvé les bases du budget pour 7 années portant en dépenses 1 milliard 652 millions. Cette année 1896 verra dépenser 72 millions en constructions.

Séance du 6 Décembre 1896

Présidence de M. F. DURIAU père, Président.

La séance est ouverte à 11 heures précises.

Sont présents : MM. Paul Terquem, président honoraire ; Isambert, vice-président ; Debacker, secrétaire-général ; Quiquet, archiviste ; C. Lefebvre, trésorier ; Champion, Daigremont, Delaage de Bellefaye, Charles Duriau, Gustave Duriau, Gourliau, Leroy, Henri Lefebvre, Reumaux, Henri Terquem, Vaillant et Jannin, secrétaire-adjoint.

M. Jannin communique le procès-verbal de la dernière séance qui est adopté sans observations.

Le Président prend ensuite la parole et s'exprime comme suit :

Messieurs,

Depuis notre dernière réunion, la Société a perdu un de ses membres les plus jeunes, M. Charles Vancauwenberghe.

Vous n'avez pas oublié la part qu'il prit à l'organisation de notre exposition de 1893 de façon à en assurer le succès.

La grande facilité d'assimilation de notre jeune collègue, non moins que son activité intellectuelle, nous promettaient une sérieuse collaboration.

Malheureusement toutes ces espérances se sont évanouies, une mort prématurée a enlevé Charles Vancauwenberghe à l'affection de sa famille et à l'estime de ses collègues.

Je crois être l'interprête de la Société en vous demandant de transmettre à la famille l'expression de nos sentiments de condoléance.

La proposition du Président est unanimement approuvée et adoptée. Tous les membres présents, partageant les regrets si bien exprimés par M. Duriau, la compagnie décide en outre qu'il sera fait mention de cette unanimité au procès-verbal de la séance dont un extrait sera adressé à la famille du défunt en témoignage de sa respectueuse sympathie.

La correspondance comprend :

1° Une circulaire du ministère de l'Instruction publique informant la Société Dunkerquoise que le Congrès des Sociétés Savantes sera ouvert en Sorbonne le 20 Avril prochain.

MM. Champion et Terquem sont délégués par la Société pour la représenter dans cette solennité littéraire.

2° Une lettre imprimée de l'Académie d'archéologie de Belgique portant à la connaissance de la Société Dunkerquoise que le roi des Belges a bien voulu accorder à la dite Académie le titre d' « Académie Royale d'Archéologie de Belgique ». Le bureau est chargé d'adresser ses félicitations à cette Société.

3° Une lettre de M. Manier, imprimeur à Dunkerque, donnant sa démission de membre titulaire.

Le Président fait observer qu'il est d'usage constant de faire des démarches auprès des membres qui se retirent de la Société afin de les engager à ne pas persister dans leur détermination si un motif d'ordre privé ne s'y oppose ; mais les termes dans lesquels est libellée cette démission ne sont pas de nature à autoriser des démarches. L'assemblée consultée accepte à l'unanimité la démission de M. Manier.

4° Une lettre de M. Corbeaux, ingénieur des ponts et chaussées, exprimant le regret de donner sa démission de membre titulaire résidant par suite de sa nomination à Cambrai.

5° Une dernière lettre du directeur de l' « Express » remerciant la Société Dunkerquoise du concours qu'elle avait prêté dans le projet de conférence sur le gaz Acétylène, qui devait avoir lieu au théâtre municipal de Dunkerque.

M. A. Champion offre à la Société Dunkerquoise, deux exemplaires de ses derniers ouvrages « *de la Dignité du Travail* » et « *L'homme et la guerre* ».

Le Président remercie M. Champion de sa délicate attention et il est décidé que ces deux brochures seront classées dans la bibliothèque de la Société Dunkerquoise.

L'ordre du jour appelle l'élection pour le renouvellement du bureau. Les membres présents n'étant pas en nombre suffisant pour que le résultat du vote soit valable, l'élection est remise à la prochaine séance.

En l'absence et au nom de M. d'Hooghe, membre correspondant de la Société, M. Jannin communique une poésie où l'auteur a employé l'anapeste et non le dactyle, plus habituel dans l'hexamètre latin. D'après M. d'Hooghe, le dactyle paraît plus difficile à être employé couramment dans une langue où l'accent porte sur la dernière syllabe des mots et jamais sur la première. On remarque surtout dans cette pièce de vers que les 3e, 6e, 9e et 12e syllabes sont accentuées et que la voix doit s'appuyer sur elles, pour mieux faire comprendre l'harmonie de cette nouvelle prosodie.

M. A. Champion termine la série des lectures annoncées par un mémoire qu'il compte présenter au congrès des sociétés savantes en 1897, avec l'autorisation de la Société Dunkerquoise.

Répondant à la question du programme : *Y-a-t-il lieu d'autoriser la recherche de la paternité naturelle ?* l'auteur conclut à la recherche de la paternité : d'abord au nom du principe suprême de l'immutabilité de la morale humaine, du droit de vivre égal pour tous; enfin il insiste sur l'immoralité profonde qui résulte pour la société de l'encouragement donné par l'interdiction de cette recherche, au vice, à la prostitution et au crime.

La société frappe en raison inverse des responsabilités, accable l'innocent sous le poids des chaînes rouillées du code et à chaque instant elle s'étonne de l'éclosion des monstres qu'elle cultive avec un aveuglement insensé.

Si l'inégalité naturelle est inhérente à l'économie même de la nature, la société, elle, a plus de devoirs que de droits.

Quand, à l'aveugle inégalité naturelle, on ajoute

l'inégalité « légale », on commet le plus grand forfait car on ose attenter à la dignité humaine.

M. le Président remercie vivement M. A. Champion de son intéressante communication et il est décidé que son travail, ainsi que celui de M. A. d'Hooghe, figureront dans les publications de la Société.

L'ordre du jour étant épuisé, la séance est levée à midi et demi.

Séance mensuelle du 6 Décembre 1896

OUVRAGES REÇUS

1. Bulletin de la Société Industrielle d'Amiens — Tome 34 — Mai 1896. — Une brochure. — Amiens 1896.
2. Bulletin Archéologique du Comité des Travaux historiques et scientifiques. — Année 1895. — 3e Livraison. — Un volume. — Paris 1895.
3. Bulletin de la Société Archéologique d'Eure-et-Loire. — N° 225. — Novembre 1896. — Mémoires.— Une brochure. — Chartres 1896.
4. Bulletin de la Société de Géographie de Lille. — 17e année. — Tome 26e N° 19. — Octobre 1896. — Une brochure.
5. Bulletin de l'Union Géographique du Nord de la France. — Tome XVII. — 2e Trimestre 1896. — Une brochure.

6. Bulletin de l'Académie Delphinale. — 4e Série. Tome 9e. — 1895. — Un volume broché. — Grenoble 1896.

7. Bulletin de la Société d'Etude des Sciences naturelles de Nîmes. — 24e année. — Juillet-Septembre 1896. — N° 3. — Une brochure. — Nîmes 1896.

8. Bulletin de la Société des Amis des Sciences et Arts de Rochechouart. — Tome VI. N° III. Une brochure. — Rochechouart 1896.

9. Actes de l'Académie Nationale des Sciences, Belles Lettres et Arts de Bordeaux. — 3e Série. — 55e année. 1893 — 1er, 2e, 3e et 4e Trimestre. — 4 volumes brochés. — Bordeaux 1893.

10. Journal de la Société d'Agriculture du département des Deux-Sèvres (Maître Jacques) N° 10. 6e Série. — Octobre 1896. — Une brochure.

11. Ministère de l'Instruction Publique. — Revue des Travaux Scientifiques. — Tome XVI. Nos 5, 6 et 7. Paris. Imprimerie Nationale. 1896.

12. Ministère de l'Instruction Publique. — Mémoire sur l'Homme et la Guerre, par Mr Alfred Champion, Membre de la Société Dunkerquoise. — Paris. Imprimerie Nationale 1896. — Une brochure in 8°. — Hommage de l'Auteur.

13. De la Dignité du Travail par Mr Alfred Champion, Membre de la Société Dunkerquoise. — Une brochure. — Dunkerque 1896.

Publications Etrangères

14. Recherches sur l'Orbite de la Comète périodique de Holmes et sur les perturbations de son mouvement elliptique par H. J. Z. Wiers. — Un volume grand in 8° broché. Amsterdam. 1896.

15. Verslagen van de Zittingen der Wis en Natuurkundige Afdeeling van de Koninklyjke Akademie van Wetenschappen. Année 1896. Bulletins et Mémoires. — 15 volumes et brochures. — Amsterdam 1896.

16. Boletin de la Real Académia de la Historia. — Tome XXIV. — Guaderno V. — Novembre 1896. — Une brochure. — Madrid 1896.

17. Complete List of the Members et Officeirs of the Manchester Littérary and Philosophical Sociéty de Février à Avril 1896, — 1 volume. — Manchester 1896.

18. Memoirs and Proccedings (de la même société) 1896-97.— Une brochure.— Manchester 1896.

19. Boletin Mensual del Observatorio Météorologico Central de Mexico. — Mes de Agosta 1896. — Une brochure grand in. 8°. — Mexico 1896.

20. Fifteenth annual Report of the United States. — Géological Survey to the Secrétary of the Intérior. — 1893-94 by J. W. Poweel, director. — Un volume relié. — Grand in-8° avec nombreuses gravures et plans coloriés. — Washington 1893-94.

SOCIÉTÉ DUNKERQUOISE

pour l'Encouragement des Sciences, des Lettres et des Arts

Procès-Verbal de la Séance du 20 Décembre

Présidence de M. F. DURIAU, Président.

La séance est ouverte à onze heures.

MM. Duriau. président ; Isambert et Vaneste, vice-présidents ; Ch. Lefebvre, trésorier ; J. Quiquet, archiviste et Debacker, secrétaire-général, occupent le bureau.

Sont présents : MM. Champion, Collet, Coolen, Coquelle, Daigremont, Detraux, Duriau (Charles), Duriau (Gustave), Gourliau, James, Sigerson. Terquem père, Terquem (Henri) et Vaillant.

M. Delaage de Bellefaye s'excuse de ne pouvoir prendre part à la réunion.

En l'absence de M. Jannin, secrétaire, il est sursis à la lecture du procès-verbal de la dernière séance.

Le président donne lecture d'une lettre de M. Vancauwenberghe-Bellenger par laquelle il remercie la Société Dunkerquoise du souvenir officiel qu'elle a consacré à son fils, Monsieur Charles Vancauwenberghe, membre titulaire résidant, décédé le trente novembre dernier.

Puis il communique une circulaire de M. le Ministre de l'Instruction publique et des Beaux-Arts, fixant au mardi 20 avril 1897 l'ouverture de la 21e session des Sociétés des Beaux-Arts des départements et faisant connaître que les manuscrits destinés à être lus en séance seront reçus à la Direction des Beaux-Arts jusqu'au 31 janvier 1897, inclusivement, dernier délai.

Les demandes de cartes et de lettres de parcours pour les délégués des sociétés, devront parvenir à la Direction des Beaux-Arts avant le 1er février au soir, terme de rigueur.

Le président procède aux élections pour le renouvellement des membres du bureau.

Le scrutin est ouvert pour l'élection du Président.

Au premier tour, M. le Docteur F. Duriau est réélu à l'unanimité des voix.

Pour la vice-présidence, la majorité est acquise à MM. Isambert et Vaneste, vice-présidents sortants.

Avant l'ouverture du vote pour le sécrétaire-général, dont la période triennale est terminée, M. Debacker déclare ne pouvoir plus se consacrer à cette fonction et prie ses collègues qui auraient l'intention de lui accorder leur voix de les reporter sur un autre membre.

Quelques Sociétaires insistent pour faire revenir le Secrétaire sortant sur sa détermination. M. Debacker, tout en protestant de son entier dévouement à la Société, remercie ses collègues de leur bienveillante insistance et exprime le regret de ne pouvoir se rendre à leur désir.

M. G. Duriau demande qu'il soit fait mention au procès-verbal du désistement de M. Debacker et de la démarche faite pour le faire revenir sur sa résolution.

Après cet incident le vote est ouvert pour l'élection d'un Secrétaire-Général.

M. Henri Terquem, ayant obtenu la majorité des suffrages, est nommé Secrétaire-Général pour une période de 3 années conformément à l'article 11 des statuts.

Par un nouveau vote, M. A. Jannin est maintenu dans ses fonctions de Secrétaire-Adjoint.

Un vote par acclamation maintient également dans leurs fonctions, M. Ch. Lefèbre, Trésorier et J. Quiquet, Archiviste.

L'installation du nouveau bureau aura lieu à la prochaine séance.

Sur l'invitation du Président, M Debacker, rend compte verbalement des propositions de la Commission de l'Exposition des Arts décoratifs.

« La commission, présidée par M. Delaage de » Bellefaye, dit le rapporteur, a d'abord examiné » quel local pourrait être affecté à cette exposition.

» Notre ville offre peu de ressources sous ce rapport » et les divers locaux qui, par leurs dimensions » pouvaient, à première vue, être utilisés comme » salles d'exposition, soulevèrent à l'examen tant » d'objections que la commission les élimina successivement.

» Elle n'en garda que trois qu'elle crut pouvoir » vous présenter tout en reconnaissant qu'ils ne

» répondaient que très-imparfaitement aux besoins » du projet en cause.

» Ce sont l'ancienne salle Ste-Cécile, la Bourse de » Commerce et le foyer du Théâtre.

» Dans l'un ou l'autre de ces locaux, une exposition, » ne comprenant même que les Arts décoratifs, doit » forcément être restreinte et votre commission » s'est préoccupée de rechercher quelles branches » de l'Art décoratif la Société Dunkerquoise pouvait » couvrir à l'exposition qu'elle projette.

» Tenant compte du peu de développement de » surfaces que présentent les salles indiquées, la » commission est d'avis que cette exposition ne peut » comprendre que la peinture sur éventails, écrans » ou panneaux décoratifs de dimensions à déterminer. » On pourrait peut-être y admettre aussi les peintures » sur porcelaine et sur ivoire dont les dimensions ont » généralement peu d'étendue.

» Telles sont, Messieurs, les propositions que la » commission croit pouvoir soumettre à votre » appréciation. »

Statuant sur ces propositions, la Société, après en avoir délibéré, est d'avis qu'il faut renoncer à la salle Ste-Cécile et au foyer du Théâtre qui, toute autre raison mise à part, ont l'inconvénient de se trouver trop en dehors de la circulation, surtout pendant la saison balnéaire.

M. Duriau fait remarquer d'autre part qu'une commission a été saisie d'un projet d'exposition photographique et M. Henri Terquem, qui s'en est occupé spécialement, fait connaitre que cette exposition offre des chances sérieuses d'aboutissement et que les galeries de la Bourse lui paraissent seules convenables pour l'y installer.

Après avoir entendu ces explications, la Société décide qu'il convient d'adopter la Bourse comme lieu d'exposition et de n'y admettre, en des galeries séparées, que les épreuves photographiques et la peinture sur éventails et écrans à l'exclusion de la peinture sur porcelaines.

A la suite de cette décision, le président propose de nommer immédiatement deux commissions chargées, l'une, d'étudier l'organisation de l'exposition de photographie et l'autre, celle de l'exposition de peinture sur éventails et écrans.

La proposition étant approuvée, le président met aux voix la nomination des membres de ces deux commissions.

Sont nommés; pour l'exposition de photographie :

MM. Mascart, Henri Terquem, Lecocq, Hamoir et Ch. Lefebvre, et pour l'exposition de peintures sur éventails.

MM. Delaage de Bellefaye, Riff, Detraux, Calot et Debacker.

Le président adresse aux commissaires l'invitation de se réunir et de déposer leurs rapports le plus tôt possible.

Le premier dimanche de janvier coïncidant avec les fêtes du jour de l'an, le président propose et la réunion accepte de reporter la prochaine séance au dimanche 10 janvier.

L'ordre du jour étant épuisé, la séance est levée.

Séance extraordinaire du 20 Décembre 1896

OUVRAGES REÇUS

---

1. Annales de la Société d'Emulation du département des Vosges. — LXXIIe année. — 1896. — Un volume broché. — Paris 1896.

2. Bulletin historique de la Société des Antiquaires de la Morinie. — 45e année. — 179e livraison. Tome IX. — Année 1896. — 3e fascicule. — Une brochure. — St-Omer 1896.

3. Bulletin de la Société d'Anthropologie de Paris. — Tome 7e (IVe Série) 1896. — Fascicule 2, 3 et 4. — Paris 1896.

4. Bulletin de la Société Académique de Brest. — 2e Série. — Tome XXIe. — 1895-1896. — Un volume broché. — Brest 1896.

5. Journal de la Société Régionale d'Horticulture du Nord de la France. — N° 11. — Novembre 1896. — 16e année. — Une brochure — Lille 1896.

6. Mémoires de l'Académie de Nîmes. — VIIe Série. — Tome XVIII. — Année 1895. — Un volume broché. — Nîmes 1896.

7. Mémoires de l'Académie des Sciences, Arts et Belles Lettres de Dijon. — 4e Série. — Tome V. — 1895-1896. — Un volume broché. — Dijon 1896.

8. Mémoires de la Société des Sciences naturelles et archéologiques de la Creuse. — 2e Série. — Tome 4e (IXe de la collection Guéret 1895-96. — Un volume in-8° broché.

Publications Étrangères

---

9. Anuario de la Academia Mexicana de Sciencias naturales. — Ano 1. — 1895. — Une brochure. Mexico 1896.

10. Boletin de la Réal Academia de la historia. — Tome XXIX. — Guaderno VI. — Diciembre 1896. — Une brochure. — Madrid 1896.

INDEX

BULLETIN

DE LA

SOCIÉTÉ DUNKERQUOISE

POUR

l'Encouragement des Sciences, des Lettres et des Arts

(Reconnue d'utilité publique par décret du 13 Février 1883)

1896

2e Fascicule

DUNKERQUE

IMPRIMERIE C. CODDÉE, 19, RUE DE BEAUMONT.

1896

www.ingramcontent.com/pod-product-compliance
Lightning Source LLC
LaVergne TN
LVHW080957230826
846092LV00006B/1055
* 9 7 8 2 3 2 9 7 0 7 1 4 3 *